父母锦囊系列

中华传统经典普及基地立项成果

经典珍藏版

你早该知道的孩子成才秘密

外国卷

天地出版社

图书在版编目（CIP）数据

父母锦囊系列 你早该知道的孩子成才秘密．外国卷／梅红著．－－成都：天地出版社，2016.7
ISBN 978-7-5455-2007-1

Ⅰ．①父… Ⅱ．①梅… Ⅲ．①家庭教育 Ⅳ．①G78

中国版本图书馆CIP数据核字（2016）第058693号

NI ZAO GAI ZHIDAO DE HAIZI CHENGCAI MIMI（WAIGUO JUAN）

你早该知道的孩子成才秘密（外国卷）

梅红 著

—— 阅读·成长 ——

出品人	罗文琦
策划组稿	陆 翌
责任编辑	游晓辉
插 图	郭铮视觉工作室
封面设计	原创动力
电脑制作	原创动力
责任印制	田东洋
出版发行	天地出版社
	（地址：成都市槐树街2号 邮政编码：610014）
网 址	http://www.tiandiph.com
电子邮箱	tiandicbs@vip.163.com
印 刷	四川华龙印务有限公司
版 次	2016年7月第一版
印 次	2016年7月第一次印刷
规 格	165mm×235mm 1/16
印 张	13.25
字 数	231千
定 价	29.00元
书 号	ISBN 978-7-5455-2007-1

◆版权所有◆违者必究◆举报有奖

举报电话：（028）87734639（总编室）87735359（营销部）
　　　　　　　　　87734601（市场部）87734632（综合业务部）

购书咨询热线：（028）87734601　87734602

序言
PREFACE

中国人历来重视家庭教育，把个人修养、家庭管理、国家治理放在同等重要的位置。让我们从《礼记·大学》中的一段话看起：

古之欲明明德于天下者，先治其国；欲治其国者，先齐其家；欲齐其家者，先修其身；欲修其身者，先正其心；欲正其心者，先诚其意；欲诚其意者，先致其知，致知在格物。物格而后知至，知至而后意诚，意诚而后心正，心正而后身修，身修而后家齐，家齐而后国治，国治而后天下平。

这段话就是我们常说的"修身，齐家，治国，平天下"的来源。它深刻地阐明了三者间的关系。如果要想治理好自己的国家，先要管理好自己的家庭。这个家庭，不是我们现在所说的三口之家，而是少则几十，多则数百人的家族！治家要先修养好自己的品德。这段话还非常强调学习的意义。要求那些欲明德于天下的人，要学习、研究万事万物，获得知识，使得自己的意念真实。意念真实后，思想才能端正，才能修养品性，管理好家庭和家族，然后才能治理好国家。

有人研究过四大文明为何独独中华文明硕果仅存，得出的结论就是中华民族是一个特别重视教育，特别重视学习的民族。当然，这仅是其原因之一。就民间而言，传统的家庭教育读本，耳熟能详的有《三字经》《增广贤文》《弟子规》等。而诗书之家，则大多有家书传世。古往今来，前人给我们留下了大量的家规、家训，著名的家训有颜之推的《颜氏家训》、诸葛亮的《诫子

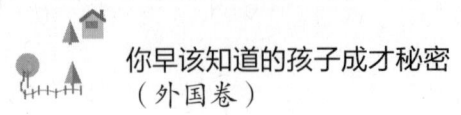
你早该知道的孩子成才秘密
（外国卷）

书》、叶梦得的《石林家训》、陆游的《放翁家训》等。它们是中华文化的宝贵财富。河东裴氏家族，先后出过宰相五十九人，正史立传和有记载者六百余人！裴氏一族能够成为名门望族，很难说与家庭教育没有密切的关系。梁启超的九个孩子个个都成才，离不开这位父亲对孩子教育的亲自参与。居里夫人的两个女儿都十分优秀，这与居里夫人的教子有方不无关系……。

我们在编这套书的过程中，选择了中外各五十个名人家庭。他们中既有政要家庭，也有平民百姓家庭；既有艺术之家，也有科学之家。或许有人说我只想我的孩子成为一个平凡、幸福的人，并不想他成为名人。为什么我们还是选择了名人家庭作为孩子教育的典范呢？我们认为即使并不想把孩子培养成为名人的家长，也可以从中得到很多启发。为了避免空洞的说教，我们尽量采用讲故事的形式，深入浅出，给家长朋友提供一些真实的案例以供参考。

需要特别说明的是，"子孙档案"板块中的人物并非一一列出，只是酌情举例介绍；"家教故事"板块中，故事资料的选择主要根据文章主题的需要，着重选取与主题有关的名人或名人子孙的故事。

希望本书的出版能对你孩子的成才有所帮助。

目录

原谅孩子的顽皮
　　——达·芬奇的家教 …………001

诚实贵于一千棵樱桃树
　　——华盛顿的家教 …………005

教育合力铸英才
　　——歌德的家教 …………009

孩子也需要严格的教育
　　——黑格尔的家教 …………013

毅力是人生最大的助力
　　——雨果的家教 …………017

理解孩子,与孩子交朋友
　　——达尔文的家教 …………021

种下兴趣的种子
　　——安徒生的家教 …………025

兴趣无贵贱之分
　　——肖邦的家教 …………029

启发好奇心
　　——诺贝尔的家教 …………033

树立正确的金钱观
　　——洛克菲勒的家教 …………037

孩子潜能的开发要趁早
　　——柴可夫斯基的家教 …………041

择良师,寻益友
　　——莫泊桑的家教 …………045

你早该知道的孩子成才秘密
（外国卷）

在大师的引领下成长
　　——罗曼·罗兰的家教 …………049

良好的品质，朴素的家教之道
　　——居里夫人的家教 …………053

学会善待"笨"孩子
　　——丘吉尔的家教 …………057

敢于让孩子经历苦难
　　——希尔顿的家教 …………061

给予孩子个性释放的空间
　　——邓肯的家教 …………066

善于发掘孩子的潜力
　　——阿尔伯特·爱因斯坦的家教 …………070

自然教育，玩出天才
　　——斯特娜夫人的家教 …………074

有志者事竟成
　　——海伦·凯勒的家教 …………078

满足孩子的合理要求
　　——罗斯福的家教 …………082

给自己一个梦想
　　——迪士尼的家教 …………086

志当存高远
　　——林肯的家教 …………090

让爱传承
　　——特里莎的家教 …………094

"尊重"让玫瑰绽放
　　——英格丽·褒曼的家教 …………098

目 录

再忙也别忘了陪孩子
　　——英迪拉·甘地的家教 ……………… 102

陪着孩子朗读
　　——芭芭拉·布什的家教 ……………… 106

自信令你更美丽
　　——撒切尔夫人的家教 ………………… 110

言传身教,影响一生
　　——肯尼斯·奥尔森的家教 …………… 114

坚强的榜样
　　——杰奎琳的家教 ……………………… 118

你的人生由你自己打造
　　——沃伦·巴菲特的家教 ……………… 122

教孩子直面人生,勇于挑战
　　——默多克的家教 ……………………… 126

"丑小鸭"到"白天鹅"的蜕变
　　——索菲娅·罗兰的家教 ……………… 130

你可以成为任何你想成为的人
　　——威尔玛·鲁道夫的家教 …………… 134

你知道苏格拉底吗
　　——霍金的家教 ………………………… 138

与孩子分享你的人生智慧
　　——吉姆·罗杰斯的家教 ……………… 142

人格的魅力
　　——昂山素季的家教 …………………… 146

对孩子的梦想说:"相信。"
　　——比尔·克林顿的家教 ……………… 150

你早该知道的孩子成才秘密
（外国卷）

没有"天生的硬汉"
　　——普京的家教 ……………………155

母亲永远都是我伟大的老师
　　——朴槿惠的家教 …………………159

谁说女子不如男
　　——阿里·布托的家教 ………………163

优秀是不分种族的
　　——赖斯的家教 ……………………167

积极主动，全力以赴
　　——比尔·盖茨的家教 ………………171

环境影响人生
　　——乔布斯的家教 …………………175

人格第一，天才第二
　　——加里·卡斯帕罗夫的家教 ………179

从小培养孩子的自信心
　　——迈克尔·乔丹的家教 ……………183

鼓励孩子多实践
　　——迈克尔·戴尔的家教 ……………187

从"坏孩子"到"好爸爸"
　　——卡梅伦的家教 …………………191

自由激发创造力
　　——马克·扎克伯格的家教 …………195

从问题儿童到奥运冠军
　　——菲尔普斯的家教 ………………199

你早该知道的孩子成才秘密
（外国卷）

原谅孩子的顽皮
——达·芬奇的家教

◎ **家庭类型**

贵族家庭

◎ **教育方式**

赏识教育型

◎ **名人档案**

达·芬奇（1452—1519） 意大利文艺复兴时期画家、自然科学家、工程师。其哲学思想接近唯物主义，认为自然界的一切都服从于客观的必然性规律，认识起源于感觉。同时，也指出理论概括的重要性。说人们必须从经验出发，并通过经验去探索原因。他对建筑学、军事学、水利工程、数学与医学解剖也颇有研究，是一位有着传奇色彩的发明家。代表作有《蒙娜丽莎》《最后的晚餐》等。还著有《绘画论》，并有大量的草图速写及有关自然科学工程等方面的手稿存世。

◎ **名人名言**

你如果要做一个艺术家，你要牢记：必须开拓你的胸襟，务使心如明镜，能够照见一切事物、一切色彩！

——达·芬奇

达·芬奇出身于贵族家庭,毫无身份地位的生母使得他从小被冠以"私生子"的名号。好在父亲与继母都非常疼爱他。良好的家庭教育、富裕的家境与亲人的关爱,令他的童年十分幸福。

小达·芬奇是个冒险家。他经常一个人跑到树林中玩耍,沿着溪流走向树林深处;或是很长时间地藏在石堆后面,静静地观察小动物,趁其不备时逮住它们;有时他独自躺在溪畔,看着天色从蔚蓝到紫红,再起身慢慢走回家。父亲从不责怪他贪玩,反而很喜欢听他讲玩耍中的趣事。

小达·芬奇很早就展现出绘画的天赋。他曾经拿着树枝在溪水边的沙地上描绘自己观察到的小动物。将逮住的野兔、松鼠之类的小动物藏在口袋里带回家,放在房间里观察,并不断练习、研究怎么才能将其更好地画下来。受惊的小动物自然东奔西跑,常常将房间弄得乱七八糟。父亲发现后,并没有批评他,而是仔细看他的画,夸奖他画得好。父亲成为达·芬奇才华的第一个见证人和欣赏者。

但在当时,绘画不是贵族应当从事的。父亲希望他能像自己一样做一个公证人,于是将其送往学校,接受正规教育。达·芬奇聪颖好学,老师教的东西能很快掌握。他非常喜欢思考提问,总会在课堂上提出很多稀奇古怪的问题。学校里中规中矩的教育方式并不能满足好奇又好动的达·芬奇。他总爱开小差,趁老师不注意的时候看从父亲那里偷偷拿来的书,或是在课本上涂涂抹抹,画老师的肖像画。老师们对他的顽皮很头疼,告知了家长,希望他的父亲能严加管教。

父亲先考了达·芬奇课本上的知识,发现他不但能掌握要义,还对数字特别敏感,数学学得非常好。再看他画的肖像画,发现达·芬奇的绘画虽然潦草却很传神。最后问他本人,才得知他"顽皮"的原因——课本上的知识死板、单一，不能满足他的好奇心；课堂上的教育一板一眼，约束了他天性里的创造力。

于是，达·芬奇的父亲没有因为他上课画肖像画而发脾气，而是肯定了他的绘画水平与创造力，鼓励他继续坚持这一爱好。一次，一个农户想要画一面盾牌，父亲有意考查达·芬奇的水平，叫他接下了这个工作。顽皮的天性让达·芬奇大胆摒弃了当时盾牌上传统的图案，选择了在书上看来的希腊神话故事人物——长着九个蛇头的女妖杜美莎。为了画好这幅画，他翻阅了许多资料寻找样本。又仔细研究配色，以求将女妖的恐怖与冷酷表现得淋漓尽致。画好后，达·芬奇故意将窗帘放下，邀请父亲来看。幽暗的房间内，一个九头女妖突然出现，父亲吓了一大跳，惊魂未定中只听得达·芬奇笑出了声："父亲啊，这就是这幅画应达到的效果了！"

达·芬奇捉弄了父亲，却意外得到了父亲的肯定。父亲终于决心不辜负孩子的天赋，将十四岁的达·芬奇送到佛罗伦萨学习绘画。师从著名的画家韦罗吉奥后，达·芬奇的绘画水平得到很大的提升。从小顽皮的他总是敢于挑战和创新，不墨守成规，也不甘于模仿。他的作品总是与众不同，充满了生命力与创造力。老师很喜欢这位既聪明又勤奋的学生，也给了他许多展示自己的机会。在充满人文艺术气息的佛罗伦萨，达·芬奇结识了许多艺术界大师，自己也渐渐有了名气。

达·芬奇就像金庸笔下的"老顽童"，对传统发起了一轮又一轮挑战，给世界留下一个又一个惊喜。至今，他的"顽皮"还备受关注：传说蒙娜丽莎是他的自画像，通过红外线扫描可以得到一张纯男性的脸庞；传说《最后的晚餐》内有玄机，隐喻了一段耶稣不为人知的秘密；传说《岩间圣母》并非传统宗教画，神秘的手势暗含杀意……也正因为如此，达·芬奇的作品总是有着非凡的魅力，令人反复探究而欲罢不能。

你早该知道的孩子成才秘密
（外国卷）

或许，达·芬奇种种艺术家的神秘与后期老顽童似的顽皮，都是在其童年时期就深深埋下的。孩子的顽皮，正是对传统的挑战，也是他们创造力与行动力的完美统一。正如著名画家毕加索所说："我花了六十年的时间，才画得像孩子一样好。"

原谅孩子的顽皮。不要命令他安静得像个木偶，让他发挥创造力，抛开说明书，展现自己心中的宇宙。

凡是孩子，小时候都会有些调皮捣蛋、令人头痛的经历。其实每个孩子的每次"顽皮"，都是对未知的探寻和已知的挑战，这体现着孩子的创造力。所以，原谅他们的顽皮，使这份创造力转向一个更好的方向是比责罚更有效的做法。

你早该知道的孩子成才秘密
（外国卷）

诚实贵于一千棵樱桃树
——华盛顿的家教

◎ **家庭类型**
　　平民百姓家庭
◎ **教育方式**
　　诚信教育型
◎ **名人档案**
　　乔治·华盛顿（1732—1799）　美国独立战争时期的大陆军总司令，美利坚合众国的奠基人、第一任总统。华盛顿不仅是出色的军事家，还是卓越的政治家，具有仁慈建国者的美好形象。他为争取美国独立、发展美国经济、建设民主法制和巩固联邦基础做出了巨大贡献，被称为"美国国父"。
◎ **名人名言**
　　我希望我将具有足够的坚定性和美德，借以保持所有称号中我认为最值得羡慕的称号：一个诚实的人。

　　　　　　　　　　　　　　　　　　　——华盛顿

华盛顿是美国首位民选总统,也是所有美国总统中唯一一个没有大学文凭的人,然而他却是一个富有魅力的领袖。他以自己的人格魅力、优秀品德以及智慧、才华赢得了人民的爱戴。华盛顿诚实、勇敢的品格成为后代效仿的榜样,而这些离不开父亲对他的教育。

华盛顿出身于弗吉尼亚州的一个普通家庭,父亲是当地的一个种植园园主。父亲非常重视对华盛顿的教育。在华盛顿很小的时候,便为他聘请了家庭教师,教华盛顿学习拉丁文。拉丁文又难学又枯燥,华盛顿很快便失去了耐心。有一天母亲问华盛顿,"今天老师教的拉丁文,你学会了吗?"华盛顿回答道:"当然学会了。"答完便张嘴飞快地说起来。母亲见儿子说得如此流利,露出满意的笑容。华盛顿开心地以为自己能蒙混过关,却突然听见父亲在背后叫自己:"把你刚刚说的拉丁文再重说一遍!"父亲严厉地说。华盛顿一听懵了,愣在那里默不作声。"说啊!看不出来,你小小年纪就懂得骗人!"父亲大声吼道。母亲知道儿子在骗她后伤心地流下眼泪。华盛顿见母亲落泪,自己也哭了起来,并承诺再也不说谎了。母亲擦干儿子的眼泪,说:"孩子呀,一定要做一个诚实的人,这样才会有出息。知道吗?"

从此之后,幼小的华盛顿记住了一个道理——不说谎。

华盛顿的父亲在院子里种了许多樱桃树。在他的精心护理下,这些樱桃树长得枝繁叶茂。有一天,正在院子里玩耍的华盛顿看着这几棵樱桃树,脑子里蹦出个大问号:这几株樱桃树怎么长得这么高、这么好看呢?他一边倒背着手一边在樱桃树间走来走去。他突然想:"一定是他们的身体里面隐藏着一些秘密!我一定要看看他们身上到底藏着什么东西!"见身边没人,华盛顿进屋拿出一把小斧头,咔嚓、咔嚓,几下便把樱桃树砍断了。他扔下斧头,急切地在树心里拨弄着,希望能找到隐藏其中的秘密。他把这棵被砍断的樱桃树仔细拨弄了几遍。尽管满头大汗，却毫无所获。这让华盛顿感到十分泄气，树已经被自己砍断了，而秘密却没找到，父亲回来后肯定会大发雷霆的。这可如何是好，华盛顿越想越害怕。

傍晚的时候，父亲回到家，他像往常一样去院子里给樱桃树浇水。见自己心爱的樱桃树被砍，非常生气。他捡起被砍断的树枝，厉声吼道，"这到底是谁干的？是谁砍的？我要知道是谁，非揍他一顿不可！"全家人在听到他的怒吼之后，都跑了出来，并纷纷摇头表示此事与自己无关。此刻华盛顿早已吓得浑身发抖，但他想起前不久得到的教训，暗想，"我一定要说实话，做一个诚实的人，不能连累他人。"于是华盛顿低着头走到父亲面前，说："对不起，爸爸，是我砍断的樱桃树。"父亲气坏了，伸手便想打儿子，但他突然控制住自己的情绪，心想，"儿子都说实话了，不妨再听听他为什么要砍树。"华盛顿把砍树的经过一五一十地告诉父亲。了解了真相的父亲慢慢消了气，并笑着对华盛顿说："孩子，你勇于承认错误，这很好。我不再生气了，因为你是个诚实的孩子。虽然你砍掉了樱桃树，理应受到惩罚，但你没有说谎，我就原谅你了。你知道吗，我宁可被砍一千棵樱桃树，也不愿听到你说谎。"华盛顿不解地问："诚实这么可贵？能和一千棵樱桃树相提并论？"父亲点点头："诚实是一个人最基本的品德。只有诚实的人才能取信于人，才能立足于这个社会。"说完，父亲吻了吻儿子，并在全家人面前表扬了华盛顿："我们对任何事情都要多问几个为什么。要学习华盛顿这种诚实和勇于承认错误的精神。"就在那一天，诚实的种子深深地埋在了华盛顿的心中。

华盛顿非常好学，对商业、法律、数学等都非常感兴趣。做事认真的华盛顿常将重要的东西誊抄到一个本子上以便随时查看。他到成年以后都喜欢随时记录日常琐事，从不遗漏任何有价值的信息。

不管多么忙，对该做的事华盛顿从不马虎，一定要得到满意的结果才算结束。家里的人很好奇，问："你是怎么让时间变得宽裕、让烦琐的杂事变得有序的？"华盛顿说："只要做事不敷衍、不推诿，诚实面对，总会顺利解决一切麻烦的。"

你早该知道的孩子成才秘密
（外国卷）

　　少年华盛顿一天天成熟，全面发展着自己的才能。在伙伴之中，他也是一个诚实守信、做事有担当的小首领。他的体育成绩很棒，跑步、跳高、拳击等都稳操胜券。为了保持领先地位，他坚持锻炼身体，得到了大伙儿的赞赏和喜爱。

　　成年以后的华盛顿被任命为政府的土地测量员。做这个工作他在工作中锻炼了自己的体魄和意志。后来他又在俄亥俄河流域做土地贸易，逐渐成为当地的大种植园主，继而成为全国赫赫有名的富翁。

　　1775年4月19日，随着波士顿人民在列克星敦打响反抗英国殖民统治的第一枪，美国独立战争爆发了，华盛顿被任命为大陆军总司令，领导美国的独立战争。凭借非凡的才干，华盛顿带领美国人民取得了胜利，当选为美利坚众合国的第一任总统，1793年再选连任。两届任满后，华盛顿拒绝参加竞选，回家做了一个平民。他开创了美国历史上摒弃终身总统制及和平转移权力的先例，让世界永远记住了他的谦逊和诚实。

　　父亲的诚信教育在无形中让华盛顿成长为一个有着优秀品格的人。每当回想起往事，华盛顿心里总是热乎乎的，对父亲充满了崇敬之情。华盛顿曾说过：“我希望我将具有足够的坚定性和美德，借以保持所有称号中我认为最值得羡慕的称号：一个诚实的人。”

　　人非圣贤，孰能无过！年幼无知的小孩子犯错误在所难免。家长应该允许孩子犯错误，并鼓励孩子勇敢承认错误、改正错误，从一件件小事抓起。培养孩子诚实的品格，这将让孩子受用一生。

你早该知道的孩子成才秘密
（外国卷）

教育合力铸英才
——歌德的家教

◎ **家庭类型**
　　知识分子家庭
◎ **教育方式**
　　引导教育型
◎ **名人档案**
　　约翰·沃尔夫冈·歌德（1749—1832）　德国诗人、剧作家、思想家。政治上反对封建割据，渴望德意志统一，主张自上而下的社会改革。早期重要作品有剧本《葛兹·冯·伯利欣根》和书信体小说《少年维特之烦恼》。代表作有诗剧《浮士德》。重要作品还有自传《诗与真》和小说《威廉·迈斯特的学习年代和漫游年代》。其作品对德国和世界文学有很大影响。歌德在自然科学方面的贡献也很大，如发现人类颚间骨，并撰有关于植物形态学和颜色学的论文。
◎ **名人名言**
　　创造一切非凡事物的那种神圣的爽朗精神，总是同青年时代和创造力联系在一起的。

　　　　　　　　　　　　　　　　　　　　——歌德

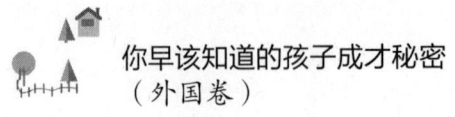

　　1749年8月28日，歌德出生于美因河畔的法兰克福。他八岁就能阅读德文、法文、英文、意大利文、拉丁文、希腊文等多种文字的书籍，十四岁开始写剧本，二十五岁即发表了后来风靡全球的小说《少年维特之烦恼》。他完成这部小说，仅用了四个星期的时间。

　　歌德的父亲出身于家境殷实的裁缝师家庭。他受过高等教育，获莱比锡大学法学博士学位，当过地方官。他爱收藏图书和美术作品，家中摆满了旅行带回来的纪念品。在这种家庭环境里，歌德耳濡目染，从小受到了艺术的熏陶。

　　歌德是独生子，父母对他寄予了厚望。从他出生起，就有计划地对他进行严格的教育。当歌德还是婴儿时，父亲就抱着他去散步。还经常带他到郊外呼吸新鲜空气，有意识地让他多接触自然。在路上，父亲总是耐心地给小歌德讲解遇到的各种事物，培养他的观察能力和认识能力。这使歌德小小年纪便掌握了许多植物和动物的名称和生长特点。后来歌德专门研究过自然科学，曾发现人类颚间骨，并撰有关植物形态学和颜色学的论文。歌德一生，始终保持着对自然科学的浓厚兴趣。

　　父亲经常带着小歌德到公园里游玩，或者到田野里散步。这些时候，父亲会教他唱些通俗易懂的歌谣。这些歌谣既好念，又易为儿童接受。每次外出，歌德都能背上一两首。父亲的用意是想在游戏中向儿子灌输一些知识。随着外出次数的增多，歌德的口语能力也不断提高。从歌德四岁开始，父亲亲自教他读书识字，而且为他请了好几位家庭教师传授多种语言。歌德经常与邻家的孩子共同学习。他们都对写诗很感兴趣，于是约定每星期日聚会，每人都把自己做好的诗拿来给大家看，由大伙儿评判。歌德的诗总是被小伙伴们评为最优。歌德稍大一些，父亲便带他到各地旅游。每到一处，父亲总要给他讲当地的历史、风土人情。如果旧地重游，父亲就要求歌德将所知道的内容复述一遍，让他加深记忆。旅游使歌德开阔了眼界，增长了见识。

母亲的教育艺术也不亚于父亲。歌德的母亲出身显赫，是一位典型的贤妻良母。她爱好文学。从歌德两岁时起，她就像上课一样，讲述各种各样的有趣的故事给他听。母亲的语言表达能力很强，语言生动。她讲故事的方式和一般人不同，她是用一种教学形式来实施的。歌德常常听得如醉如痴。为了使歌德养成多动脑、勤思考的好习惯，母亲的"故事教学"不是一个劲儿地"满堂灌"，而采用像中国的章回小说一样的形式，每次讲到一定阶段，或是讲到重要转折关头时，就突然停止，宣称"休息"，然后让歌德自己去联想下面的情节，甚至让他推想故事的结局。小歌德总是为此做出各种猜想，有时还和外祖母认真商量。第二天，在继续讲故事之前，母亲让小歌德说出自己设想的情节。如果歌德猜得不对，她也不说出答案，让他继续想，直到找出合理的答案为止。歌德丰富的想象力和构思能力就是那时培养出来的。他七岁就能编出饶有诗趣的《新帕利斯》童话，与此不无关系。歌德成年以后，母亲跟他仍像朋友般共同探讨问题。对儿子的作品，母亲必读，并总能给予恰如其分的评论。

在歌德家常会出现这样的场面，小歌德站在椅子上，面对"观众"用稚嫩的童音做演讲。这些"观众"，是歌德的父亲为了训练儿子的口才，特意找亲朋好友充当的。刚开始，小歌德对着那么多大人有些害怕，说话也结结巴巴、词不达意。经过一段时间的锻炼，他变得口齿伶俐。演讲起来声情并茂，极富感染力。

歌德的外祖母对这个小外孙疼爱有加。为逗歌德开心，甚至请人在家中演木偶戏，还送歌德一套表演浮士德故事的木偶戏玩具。歌德和其他孩子便兴致勃勃地排演这个剧目，并且拉来一批小观众。可没多久，演员连同小观众都厌烦了，觉得反反复复老演一个剧目确实没意思。他们决定自己动手做行头、做装饰，自己编剧本排演。

歌德后来在回忆录中写道："这种儿童的玩意儿和劳作从多方面训练和促进了我的创造力、表现力、想象力以及每一种技巧，而且是在那样短的时间、那样狭小的地方，花那样小的代价，恐怕没有别的途径能够有这样的成就了。"

 家 教 感 悟

人们称歌德为天才,事实上,歌德的才能并不是天生就有的,他能取得如此成就,与其父亲、母亲、外祖母对他的各具特色的早期教育密不可分。他们足够的知识储备、先进的教育理念以及科学的教育方法形成了一种有效的教育合力,从而铸就了歌德非凡的文学才能。

你早该知道的孩子成才秘密
（外国卷）

孩子也需要严格的教育
——黑格尔的家教

◎ **家庭类型**
　　工薪家庭

◎ **教育方式**
　　严格管教型

◎ **名人档案**
　　格奥尔格·威廉·弗里德里希·黑格尔（1770—1831）　德国哲学家，德国古典唯心主义的集大成者。创立欧洲哲学史上最庞大的客观唯心主义体系，并极大地发展了辩证法。他的哲学的基本出发点是唯心主义的思维与存在同一论、精神运动的辩证法以及发展过程的正反合三段式。黑格尔哲学是马克思主义哲学的来源之一。主要代表作有《精神现象学》《逻辑学》《哲学全书》《法哲学原理》《哲学史讲演录》《历史哲学》《美学》《宗教哲学》等。

◎ **名人名言**
　　假如没有热情，世界上任何伟大的事业都不会成功。

　　　　　　　　　　　　　　　　　　　　——黑格尔

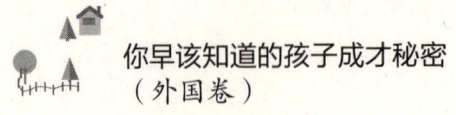

伟大的哲学家黑格尔从小到大一直品行端正、学习优异。如果在今天,他定是父母们交口称赞的"邻居家的儿子"。他的成绩与他父母从小对他的严格教育是密不可分的。

黑格尔出生在德国斯图加特市一个生活富裕的绅士家庭。父亲是当地的税务局书记,母亲也受过良好教育。黑格尔的父母没有希望儿子能成为一个多么伟大的人物。同大多数的家长一样,他们的期望很实际。他们希望儿子能健康成长,受到良好的教育,并有一技之长,将来能养活自己,成为一个有知识、有素养的人。为了这些目标,黑格尔的父母在对他的管教上毫不含糊。

幼年的黑格尔,相貌平平,给人的感觉好似萎靡不振,一点儿都不机灵。见过他的人都不认为他有什么天分,更不可能想到他将来还会成为闻名世界的大哲学家。然而,在孩子的教育上,黑格尔的父母有自己的方式。在黑格尔还很小的时候,母亲就开始着手对他进行教育。她亲自教黑格尔学习语文,对他谆谆教导,教他规范的言行。年幼的黑格尔很聪明,进步很快。不久,细心的母亲就发现孩子需要更多的教育,而这些是她给予不了的。于是父母商量,将他送到城里的一所德语学校学习,接受系统的教育。

黑格尔去上的学校是一所具有百年历史的文科中学,学校分为七个班次,学习年限共十二年。前八年为低班,后四年为高班。在当时,除了在学校公开授课,教师还会在家里开设私人辅导课。由于学校的课时很松散、上课时间也很少,为了不浪费黑格尔的学习时间,让他多学习知识,严谨的父亲为他安排了私人授课。在私人教师辅导期间,黑格尔遇到了几位对他一生影响深远的老师。其中,洛弗勒老师经常送一些课外书给黑格尔,还要求黑格尔不要满足于学校的教育,多阅读古典哲学与文学方面的书。后来,这位老师也成了黑格尔一生最尊敬的老师。

黑格尔的父母把儿子的学习、成长置于首要位置，对其严格要求。然而，与现在的一些家长的做法不同的是：他们自己也重视关心孩子的学习，而不是以工作赚钱为理由，把孩子的学习全扔给学校、老师。即使父亲工作繁忙、应酬多，在每天的工作之余，他也总是会过问儿子的学习进度和对学习的态度。

正是在这样的系统学习和严格教育下，黑格尔从小养成了爱思考的习惯，也养成了热爱学习、与书为友的好习惯。这些对他未来在哲学世界的探索是非常重要的。尤其是写读书笔记的习惯使他受益一生。

黑格尔在读文科中学低班时，就开始写读书笔记。少年时期的读书笔记，他一直带在身边妥为保存，直至去世。这些读书笔记题材广泛，涉及心理学、哲学、语言学、美学、数学等。正是黑格尔的这一写读书笔记的习惯，使得他具有了大胆建构知识的能力，使得他能轻松驾驭各类资料，同时又不迷失自己既定的研究方向。这种驾驭知识的能力与他终生相伴，并帮助他最终登上了德国古典哲学的巅峰。

黑格尔的父母没有想过自己的儿子有朝一日能成为一个大人物，然而，在他们的严格教育下，黑格尔成了大哲学家。

世界上很多伟人的成功与严格的教育是分不开的。

达·芬奇画蛋的故事谁都知道。他苦练画技，最终成为一名大画家。而美国的现任总统奥巴马在对他女儿们的教育上，采取的也是适度的管教，他甚至为女儿们立了九条家规。

柴可夫斯基说，"严格是一种享受"。父母需要对孩子进行恰当的严格教育，或许正是这样，长大后的孩子才能从中享受收获的喜悦。

在中国，历来都有"严父出孝子""子不教父之过"等说法，其强调的无非就是父母要严格教育孩子。在现代社会，对孩子的教育，是严加管教，还是大胆放手？家长们或许有很多不同的想法。在这方面，刘少奇同志曾有过一段论述："对于孩子，一是要管，二是要放。管什么呢？学习不好、品德不好、没有礼貌……这些都要管。什么要放呢？吃苦耐劳的事，经风雨见世面的事，要放手让孩子去干。"

现在，很多孩子都是独生子女，他们集万千宠爱于一身。家长对孩子的疼爱是应该的，然而，适度地对孩子加以管教也是必需的。管与放，一张一弛、相得益彰，才是对孩子最好的爱。

天才是需要挖掘和培养的。在培养孩子的过程中，需要严格的教育。"严格"是父母对孩子爱的体现，也是父母对孩子负责的体现。

毅力是人生最大的助力
——雨果的家教

◎ **家庭类型**
　　军官家庭
◎ **教育方式**
　　引导鼓励型
◎ **名人档案**
　　维克多·雨果（1802—1885）　法国作家，法国浪漫主义文学的重要代表。1841年当选法兰西语文学院院士。小说有《巴黎圣母院》《悲惨世界》《海上劳工》《笑面人》《九三年》等，剧本有《克伦威尔》《欧那尼》《国王寻乐》等，诗作有《短歌集》《惩罚集》等。还写有政论和演说稿等。
◎ **名人名言**
　　谁虚度年华，青春就要褪色，生命就会抛弃他们。
　　　　　　　　　　　　　　　　　　　　——雨果

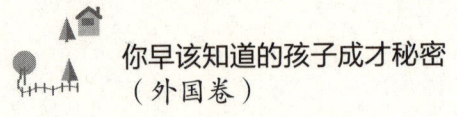

十四岁显露创作天赋,从获奖无数的少年作家成长为一个民族的文豪,七十年笔耕不辍……历经时代的变更,雨果始终没有放弃写作。一生中创作出大量的诗歌、小说和戏剧,记录着变革中的法国和法国人民。——这需要怎样的毅力啊!而这份毅力自小就根植于雨果心中,令他在一生受益匪浅。

军事世家出身的雨果在母亲的教育下长大。雨果的母亲对地位、名望、金钱很是淡泊,但喜爱文学艺术。在她看来,做一个有文化的人,要比做有钱人更有意义。母亲总带着儿子们去图书室阅读书刊。她选出适合孩子阅读的名著,与儿子们坐在地毯上一起读,常常一读就是一整个下午。年纪虽小,但雨果却能理解书里所讲的故事。一个故事不结束,他就不肯放下书回家。通过阅读,雨果很早就理解了社会,并对写作产生了浓厚的兴趣。

雨果在追逐文学的道路上,展现出了惊人的毅力。当时,以文学艺术闻名的法国却没有机构可以提供专门的教育辅导雨果写作,雨果只能通过阅读名家作品和不断练笔来提高写作能力。这样的自学十分辛苦且前途渺茫,而雨果却坚持下来了。他将零花钱都用来购买白纸,自己制作练习写作的本子。大量的练笔让他在几个月的时间就写满了十个本子。母亲不断鼓励雨果坚持,赞扬他的作品,陪伴着雨果一起成长。目睹儿子的坚持与勤奋,母亲更加坚信他能够成才。

雨果就读于一所传统、封闭的中学。他的校长与老师都禁止学生阅读课本以外的书籍,也不允许他们创作诗歌。雨果将自己所写的诗歌都藏在抽屉里,却还是被发现了。古板的校长不能接受雨果充满浪漫色彩和丰富想象力的诗歌,责令他"要么永远地离开学校去写诗,要么放下诗集回教室读书"。雨果年纪虽小,但对于文学的热爱却很深,于是他一语不发地拿起自己的诗集,转身离开了校长办公室。母亲得知此事后,将儿子接回家,请了一位家庭教师辅导他学习。母亲认为写诗不是一件坏事，孩子的兴趣值得鼓励。

雨果对母亲的爱，是雨果的毅力源头。十四岁时他写下长篇诗歌体悲剧《雅尔塔麦娜》送给母亲作为生日礼物。尽管故事落于俗套、语言表达不够流畅，但还是被母亲细心保存起来。她骄傲地赞扬雨果拥有文学天赋，并期待着他创作出更棒的作品。长期的努力和坚持获得了赞扬，雨果十分满足。成名后再回忆这一段经历，雨果都会感叹，当时所有努力"都是为了让母亲快乐"。

一次，巴黎著名的文学机构向全社会举办征文比赛。在雨果的母亲看来，这是让儿子的坚持得到回报的最好机会。一连几日，母子两人都在讨论、构思着如何写好文章，体弱多病的母亲在忧虑中病倒了。为了照顾母亲，雨果将比赛抛到一边，守在昏迷中的母亲的床头，只盼着母亲能够早日痊愈。眼看着比赛截稿日期临近，雨果在忙碌中匆匆选择了一篇习作，打算以此参加比赛。截稿日的前一晚，母亲从昏迷中苏醒，见到雨果的第一句话便是："作品写好了吗？"面对母亲的关心，雨果十分羞愧。见状，母亲语重心长地说："孩子，你不该在困难面前退却。你有实力获奖！不要怕来不及，就从现在开始，写一篇最好的作品送去参赛。"

这一夜，格外漫长而又十分短暂。十七岁的雨果在母亲的咳嗽声中彻夜未眠，尽自己最大努力写下了一百二十行诗《亨利四世铜像修复颂》。后来，这一作品获得了"金百合奖"。如此年轻的获奖者，引来了文艺界的高度关注，他也获得了更多参与比赛和训练的机会。在未满二十岁时，他就成为美文研究院的院士，并被邀请成为法国文学艺术联合会的会员。

即便获得多项大奖，成为令人尊敬的院士，雨果的毅力也并未被消磨掉，他全力以赴投入到文学创作之中。雨果成名后受到许多贵族名流的邀请，频频出席舞会参加社交活动。雨果一开始还乐在其中，但很快发现，过度玩乐只会耽误创作。正值青春年华的他放弃了华美的服装与年轻人的聚会，将时间用来阅读卢梭、伏尔泰等大师的作品。在二十五岁时创作出剧本《克伦威尔》。《克伦威尔》一经演出立刻引起了轰动。从此，雨果成为法国家喻户晓的大作家。

你早该知道的孩子成才秘密
（外国卷）

  雨果的毅力成为他创作道路上的最大助力。不论是困难、阻碍还是诱惑，都没有使他偏离文学之路。母亲的熏陶令他爱上文学，母亲的鼓励令他学习写作，母亲的肯定令他的坚持变得更有意义。有了这一份顽强的毅力，做什么不能成功呢？

  著名企业家王石曾说，你未能成功，就是因为你过得太舒服。在困难面前退缩，被阻碍击败选择放弃，经不住诱惑而寻找借口偷懒，都是令我们失败的原因。一个人如果能够拥有顽强的毅力，便有了获得成功的助力。

  父母不能牵着孩子的手走完他一生的每一段路程。培养毅力应当从小开始，练习长跑、坚持会一种乐器或舞蹈，让孩子在坚持中体会面对单调、乏味与困难的过程，培养他们的自律意识。就让毅力成为良伴，陪着孩子走过荒芜与荆棘，直到成功吧！

理解孩子，与孩子交朋友
——达尔文的家教

◎ **家庭类型**

　　知识分子家庭

◎ **教育方式**

　　尊重理解型

◎ **名人档案**

　　查理·罗伯特·达尔文（1809—1882）　英国博物学家，进化论的奠基人。1859年出版震动当时学术界的《物种起源》一书，成为生物学史上的一个转折点。提出以自然选择为基础的进化学说。不仅说明物种是可变的，对生物适应性也作了正确的解说，从而摧毁了各种唯心的特创论、目的论和物种不变论，使当时生物学各领域已经形成的概念和观念发生根本的改变。恩格斯高度评价达尔文的进化论，指出这是十九世纪自然科学三大发现之一。

◎ **子女档案**

　　乔治·霍德华·达尔文（1845—1912）　查理·罗伯特·达尔文的儿子。英国天文学家、数学家。剑桥大学毕业，后任该校教授。提出了月球起源的共振理论。

◎ **名人名言**

　　我之所以能在科学上成功，最重要的一点就是对科学的热爱，坚持长期探索。

　　　　　　　　　　　　　　　　　　　　　　　　——达尔文

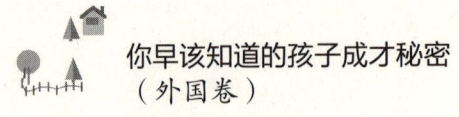

著名生物学家达尔文的《物种起源》创立了生物进化论,对世界产生了深远影响。然而,谁能想到小时候的达尔文竟是父亲眼中的"捣蛋鬼"、老师眼中不务正业的"坏学生"?这个"不听话"的孩子曾经让父亲又气又恨。但是,幸运的是达尔文的父亲及时发现了问题,改变了自己的教育方法。通过和孩子打成一片,成为孩子的朋友,老达尔文成功地消融了与儿子之间的坚冰,消除了儿子对自己的抗拒与逆反心理,帮助儿子逐渐走向成功。

达尔文出生于英国什鲁斯伯里的一个知识分子家庭,其祖父是英国著名的博物学家、医学家,父亲也是当地很有名望的医学博士。父亲对达尔文寄有厚望。他希望儿子好好学习,将来子承父业,做一名优秀的医生。

然而,事与愿违,达尔文并没有按照父亲的愿望发展。在大人眼中,小达尔文就是一个调皮捣蛋的小家伙。他整天在外面"撒野",在森林里采摘植物、抓昆虫,在池塘里捉蝌蚪。他喜欢在家里喂鸽子,使得满院子里都是鸽子屎,有一次竟然还拉到了老达尔文脑袋上。由于达尔文总在课堂上做一些在老师看来与学习无关的事,他经常遭到学校校长巴特勒博士的训斥和警告:"如果还玩这些与学习不相干的玩意儿,就把你从学校赶走!"对此,老达尔文特别恼火。

眼看着孩子不成器,爱子如命又恨铁不成钢的父亲经常训斥小达尔文。于是,父子俩的矛盾越闹越大。父亲越是训斥达尔文,达尔文越是违背父亲的意愿做事。

达尔文的父亲面对"叛逆"的儿子,向周围人求助。有一次,他向自己的好朋友赫德先生请教育儿经。好友赫德推荐法国幻想小说《巨人传》给他看,并开导他说:"你不光要用你的手和嘴教育孩子,更重要的是你要用你的心去接近孩子,倾听孩子心中的声音。我的老朋友,忘掉你的年龄,和孩子交朋友吧！"听了朋友的劝告，被儿子弄得焦头烂额的老达尔文恍然大悟。他决定改变教育方法，理解孩子，与孩子从做朋友开始。而这一方法，也确实消解了这对父子之间的矛盾。这也使达尔文性格越来越开朗，成绩也随之越来越好。

老达尔文为了更好地了解孩子，他辞去了学校董事、医学公会秘书等待遇优厚的工作，将大量的时间留给孩子。达尔文喜欢动物，老达尔文就带着他去动物园游览；达尔文喜欢大自然，老达尔文就经常带他去野外露营，帮他收集动植物标本，甚至在家中院子里搭起一个小棚子供达尔文做实验。老达尔文的这些努力都没有白费，因为小达尔文越来越信任父亲，把父亲当作自己的好朋友，有什么事情也开始征求父亲的意见。在这种氛围中，达尔文顺利完成了学业，并逐步走向成功。

1831年，英国海军勘探船"贝格尔"号受命前往南美进行考察，地质学教授亨斯洛向海军部推荐了自己的得意门生达尔文，并获得批准。达尔文的父亲虽不同意儿子去做这门他人眼中不务正业的活儿，但他心里明白儿子探索大自然的志向，于是他尊重了儿子的选择。在父亲的支持下，达尔文踏上了探险旅程。

达尔文在历时三年的环球旅行中，观察并搜集了动植物和地质等方面的材料，经归纳、整理与综合分析，形成了生物进化论的概念。

1859年，他出版了具有划时代意义的科学巨著《物种起源》。该书成为生物学史上的一个重要转折点。

老达尔文对儿子意愿的理解与尊重，最终成就了达尔文的人生伟业。1865年，达尔文在获得皇家科普利奖后，他做的第一件事就是伏在父亲的坟头上号啕大哭。在达尔文心中，父亲于他，不只是父亲，还是他的朋友、导师。

你早该知道的孩子成才秘密
（外国卷）

　　俄国作家列夫·托尔斯泰曾说："最令人不能忍受的痛苦之一是人们不理解你，你深陷于自己的思绪中而深感寂寞。"这句话不只适用于成人，对孩子也是一样的。试想，如果孩子不理解你的良苦用心，你可能会苦恼"为何他不懂做父母的苦衷"。然而，站在孩子的角度上，你不理解他的意愿、兴趣，他也会苦恼。而此时，如果家长再训斥孩子，强制他们做什么或不准他们做什么，情况就只会变得更糟。幼小的孩子只能用逆反的态度来抵抗父母的不理解。试着改变你的姿态，以一个朋友的身份耐心聆听孩子心中的声音，理解孩子的行为与认知，并尊重孩子的恰当选择。只有这样，孩子才会消除对你的抗拒，采纳你的建议。

　　达尔文的父亲留下一句教子名言，他说"爱心的重要支点就是理解孩子。"作为家长的你，是否明白了这一道理呢？

　　每个孩子都是独立的个体，都有自己的想法和认知。父母应该多花一点时间与孩子相处，了解孩子的想法，理解并尊重孩子的选择。当你发现你与孩子之间存在矛盾时，最好的解决办法就是耐心一点，与孩子交朋友。

你早该知道的孩子成才秘密
（外国卷）

种下兴趣的种子
——安徒生的家教

◎ **家庭类型**

　　平民百姓家庭

◎ **教育方式**

　　赏识教育型

◎ **名人档案**

　　汉斯·克里斯蒂安·安徒生（1805—1875）　丹麦作家。生于鞋匠家庭。童年生活贫苦。早期写有诗歌、剧本和长篇小说《即兴诗人》等。1835年开始写童话，写有一百六十余篇。代表作有《丑小鸭》《卖火柴的小女孩》《夜莺》《皇帝的新装》等。作品想象丰富，情节生动，语言朴素。

◎ **名人名言**

　　只要你是天鹅蛋，就是生在养鸡场里也没什么关系。

　　　　　　　　　　　　　　　　　　　　　　——安徒生

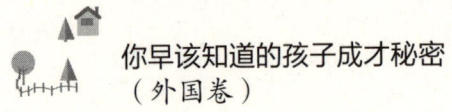

安徒生出生在19世纪初期,战争一触即发的丹麦欧登塞。在欧登塞,贫富差距极大,许多人都在为生存而挣扎。安徒生一家也是一样——这个穷苦的鞋匠家庭甚至没能准备一张像样的床,迎接新生儿到来的,只是一张用棺材板拼成的床。安徒生的父亲是一个鞋匠,有着坚韧的性格和温柔的内心;安徒生的母亲是一个洗衣妇,诚恳善良,将所有的爱都奉献给了瘦小、单薄的儿子。

三口之家的生活清贫困苦,但全家人相互扶持,生活十分幸福。小小的安徒生整日玩耍,手工作坊里的老人们一边忙碌一边絮絮叨叨讲的鬼神故事是他的最爱。他总是认真地听着,回家后兴奋地讲给父母听。父亲总是认真听他的讲述。受过教育并喜爱读书、有着浪漫气质的父亲发觉孩子不但能将故事完整地讲述出来,还在故事中添加了许多自己的幻想和创造。父亲鼓励安徒生大胆表达自己的想法,并用修鞋的工具为安徒生制作了玩具木偶,让安徒生为木偶起名、做衣服,并按照安徒生的设想,帮助他搭建舞台,看他一个人操纵木偶上演一出木偶剧。安徒生时常即兴创作一段小故事,这让父亲十分惊喜。他总是安徒生最忠实的观众。

在父母的努力下,安徒生被送到以温和著称的女教师卡尔斯茜那里上学。她的温柔与耐心给了安徒生许多帮助。虽然不久学校就因为战乱而关闭,但安徒生在学校中接触到了影响他一生的宝贵财富——莎士比亚的作品。回到家里,安徒生反复阅读莎士比亚的经典著作,并很快能够大段背诵。他一边操纵着木偶一边感情澎湃地背诵着《麦克白》里的台词,全身心投入,痛快而忘我。这个孩子气的小游戏已经成为他的兴趣,表演与戏剧,在他未来一生中扮演了至关重要的角色。

然而,好景不长。安徒生的父亲在他九岁时上了战场,两年后返乡,不久便病逝。没有遗产,这位父亲留给他深深爱着的儿子的东西,除了一套修鞋的工具之外，就只有那些木偶。安徒生的母亲成了家庭的顶梁柱。为了生计，她必须穿着单薄的衣服坐在河边洗衣服，冬日严寒中只能喝些酒取暖，却被人当作"整日酗酒、不体面的女人"。

为了生计，母亲忍痛将十一岁的安徒生送入工厂。他瘦小、单薄，工厂里昏天黑地的忙碌令其身体与精神都受到了极大的摧残，工友们的嘲笑和生活的重压更让他难以承受。在机械的劳动中，他脑海中不断浮现的还是木偶剧与莎士比亚的作品，终于有一天，他大声地唱了起来。清亮婉转的声音与娴熟的表演，让工友们惊讶赞叹，也给了安徒生勇气："为什么不能将这个兴趣变成事业呢？"于是，他对母亲说，我不要做工人，我要做艺术家。

为了这个念头，十四岁的安徒生远走他乡，身上只带了三十几个铜币和几个木偶。做演员，剧团嫌他长相不讨喜；去唱歌，营养不良使得嗓子失去了光彩；写剧本，太多的情感与不够纯熟的写作方式令他的剧本不被看好；做学生，年纪太大的他从头开始，却总被人嘲笑和看不起；就连恋爱也总是失败。一桶桶冷水，一记记耳光，现实的残酷足以摧毁一个人的信心。或许可以转行做别的，或许可以回乡重新开始。可早已栽种下的兴趣的种子已让梦想发芽，使他不能停歇和放弃。

经受了一次又一次失败的打击，在阁楼里写作的安徒生终于得到了肯定。他的童话故事发行后立刻售罄，他的喜剧剧本上演时数次被观众的掌声打断，出版社、剧团老板纷纷钻进他的小阁楼向他约稿。因为"安徒生"这三个字，已经成为当时最大的卖点。

那几个木偶一直放在安徒生的桌上。简单粗糙的它们，是安徒生的玩具，也是抚慰他心灵的力量。父亲早逝，却留给他再多困苦都不能抹去的信念。沉默无声的父爱伴着一幕幕自编自演的木偶戏，串联起童年的美好回忆，让安徒生在经历挫败后仍然能想起年幼时的快乐，并铭记：这份快乐和美好，是表演与戏剧赐予他的。"我曾因此而快乐，所以不能放弃。"

我们常教育小孩，人不能活在"童话"中。但反观安徒生的经历，他美好的童话是在世事艰难中创作出来的，只有内心温暖、相信爱与希望的人才能写

你早该知道的孩子成才秘密
（外国卷）

出这样的作品，而对创作的坚持则来源于父亲给予他的力量。安徒生总希望能"为下一代写作"，将温暖而美好的事物、做人的道理教给孩子，保持对世界的信任。他最终如愿以偿，将自己的兴趣变成事业，并影响了一代又一代人。

　　安徒生的父母教育孩子并没有金科玉律、至理名言，甚至没有条件给孩子创造良好的学习条件。可简单而自然的陪伴、衷心的赞美与支持，反倒让孩子受益良多。孩子的兴趣是需要鼓励与肯定的，这或许就能成为支持他们走过坎坷的巨大动力。父母的一句赞美，或许就能种下兴趣的种子，并开出成功之花。

兴趣无贵贱之分
——肖邦的家教

◎ **家庭类型**

　　知识分子家庭

◎ **教育方式**

　　赏识教育型

◎ **名人档案**

　　弗里德里克·弗朗索瓦·肖邦（1810—1849）　波兰作曲家、钢琴家，早期浪漫主义代表人物之一。生于教师家庭。六岁学钢琴，少年时常接触波兰民间音乐。1826年—1829年就读于华沙音乐学院。1831年定居巴黎。作品以钢琴曲为主，在发挥钢琴性能及和声表现力等方面尤为突出。作品有钢琴协奏曲两部、钢琴鸣奏曲三部以及马祖卡、波洛涅兹、圆舞曲、练习曲、前奏曲、夜曲、即兴曲、诙谐曲、叙事曲等大量钢琴曲。

◎ **名人名言**

　　祖国，我永远忠于你，为你献身，用我的琴声永远为你歌唱和战斗。

——肖邦

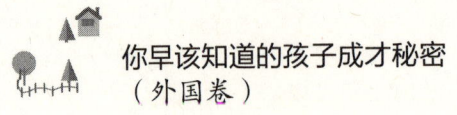

在肖邦所在的年代,欧洲曾流行这样一句话:"上帝把莫扎特赐给了奥地利,却把肖邦赐给了波兰。"的确,肖邦是世界音乐史上的精灵,是世界级的天才。这样一个天才又是如何成长的呢?

每一个天才光芒的背后都有着不为人知的光源,而肖邦的光源正是他从小对音乐的热爱与兴趣,是肖邦父母对他兴趣的支持与培养。

肖邦出生于波兰的热拉佐瓦·沃拉。他的父亲尼古拉斯·肖邦是当时的华沙中学的教师,母亲尤斯丁娜受过良好的教育,尤其热爱民歌和钢琴。肖邦在很小的时候,就表现出对音乐的热爱。当母亲在家里教大女儿钢琴时,三岁的小肖邦便坐在一旁,聚精会神地听着,两眼注视着母亲和姐姐在琴键上移动的手指。他对音乐的感受和记忆要比大他三岁的姐姐好。许多乐曲姐姐弹了很多遍都记不住,而小肖邦在旁边听过之后就记住了。

对于孩子的兴趣爱好,很多父母会用现实的眼光进行考量。与这些家长一样,肖邦的父母在最开始对他的音乐爱好也并不以为然。尤其是父亲,他并不打算把自己唯一的儿子培养成钢琴家,而是想把他培养成教授、科学家、工程师或者医生。因为在当时的波兰,这些才是具有较高地位的职业。在父亲看来,自己家底薄,让儿子仅靠音乐来谋生是靠不住的。即使成为一个职业的钢琴家,也不及教授、科学家等职业牢靠。然而,幸运的是,肖邦的父母并不固执己见。在发现儿子的音乐才华后,母亲开始对其培养;而父亲尼古拉斯认真思考后,也决定顺其自然,全力支持儿子学音乐。

在4月的一个深夜,等家人都熟睡后,小肖邦悄悄地爬起来,坐到自己朝朝暮暮都想着演奏的钢琴前,开始弹奏乐曲。客厅里传出了琴声,声音虽然很低,但惊醒了睡在隔壁的女佣。听到女佣叫声的尼古拉斯和尤斯丁娜立即走进客厅,见小肖邦只穿了一件衬衣,不无心疼地责备道:"天气这么冷,你会着凉的。"小肖邦却说："妈妈，我要弹琴。"

见儿子如此痴迷钢琴，第二天，母亲开始像教女儿一样教他弹琴。小肖邦的进步很大，音乐天分很高，接受能力也很强。在母亲的教导下，肖邦经过两年的学习，琴技已远远超过了姐姐。他除了能熟练地弹奏自己听过的乐曲，甚至还能即兴演奏，弹出自己喜欢的曲调。

为了给儿子学音乐创造更好的条件，肖邦六岁时，父亲给他请了一位音乐老师。在这位老师的精心指导下，肖邦的音乐才能得到了充分的发挥，钢琴演奏水平很快就达到了一个惊人的高度。1818年2月的一天，八岁的肖邦在华沙的音乐会上进行首次公开的演奏。他弹奏了捷克作曲家阿·吉罗维茨的《G小调钢琴协奏曲》。肖邦的手指似有魔力一般，在琴键上挥洒自如，令在场的人无不惊叹。一些音乐评论家也发出赞叹："太不可思议了！一个只有八岁的孩子竟能抓住作曲家的灵魂。"

首战告捷的肖邦开始在波兰走红，他被邀请到很多达官贵人的府邸进行演奏。肖邦的父母在看到儿子小有名气后，很是欣慰，但他们没有停止对他进行音乐的培养。在肖邦十四岁时，拜当时波兰著名的音乐教育家、作曲家约瑟夫·艾斯内尔为师，学习音乐理论和作曲。在这里，肖邦的作曲水平有了很大的提高。十七岁时，肖邦进入艾斯内尔担任院长的华沙音乐学院正式学习音乐。至此，这颗欧洲乃至世界的音乐新星开始冉冉升起。

家教感悟

天才的种子在肖邦很小时就已种下。如果肖邦的父母不支持他对音乐的热爱，那么，世界上就将少了一位音乐巨人。现实中，家长们往往都会按照自己的经验，为孩子设计一个"美好"的前程，希望孩子按照

自己设计的路线发展下去,将来成为自己心目中的优秀人士。然而,家长喜欢的、希望的,并不代表一定就是孩子感兴趣、热爱的。如果让牛顿学钢琴,他定不会成为一位音乐伟人;同样的,如果硬逼着肖邦学理工科,他也不会成为一位名震世界的科学家。

爱因斯坦说:"兴趣是最好的老师。"在每个人心中,兴趣是没有高低贵贱之分的。一个人只有学他最感兴趣的东西,做他最热爱的事情,他才不会厌烦,才会有源源不断的动力。家长们不要因为现实的原因,而逼着孩子学习所谓的"热门"专业,从事所谓"名利双收"的工作。无论哪一个领域,"高尚"的、抑或"低贱"的,都有许多杰出人才。不要因为世俗的羁绊,而扼杀了一位世界的"肖邦"。

兴趣无高低贵贱之分。学什么东西首先要看孩子是否感兴趣。如果孩子真正有兴趣,家长就应该努力帮助孩子实现梦想。不要为了培养"肖邦"而去培养孩子的才艺,因为,兴趣才是第一位的。

你早该知道的孩子成才秘密
（外国卷）

启发好奇心
——诺贝尔的家教

◎ **家庭类型**
　　商人家庭
◎ **教育方式**
　　启发引导教育型
◎ **名人档案**
　　阿尔弗雷德·伯恩哈德·诺贝尔（1833—1896） 瑞典化学家、工程师。幼年随父侨居俄国，跟从家庭教师学习。后赴欧、美求学，再回俄国到父亲的工厂工作，并从事科学研究和机械设计。回瑞典后，转移志趣开始研究炸药，发明了雷管的引爆，后又制成更安全而威力更大的炸药，在此基础上又发明了无烟火药。根据他的遗嘱，以其遗产的大部分作为基金，设置了诺贝尔奖。
◎ **名人名言**
　　科学研究的进展及其日益扩大的领域将唤起我们的希望。
　　　　　　　　　　　　　　　　　　　　——诺贝尔

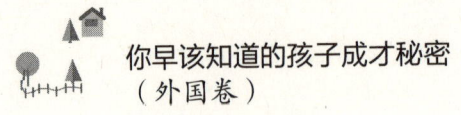

诺贝尔奖的设立旨在奖励那些为人类做出杰出贡献的人，以表彰他们为社会的文明进步而付出的努力。研究，探寻，反复试验；调查，撰写，反复修改。每一位诺贝尔奖获得者都为自己的事业奉献了无限的精力，而驱使他们坚持研究的则是他们对于未知世界的求知欲与永不消磨的好奇心。

正如诺贝尔本人，在发明炸药的过程中，经历了多次失败，甚至因此而失去了至亲的弟弟。实验横遭阻拦，他被迫离开实验室，在一只驳船上继续研究。但他始终没有放弃，"像个精力无穷的小伙子"，坚持试验，终于发明了硝化甘油炸药。

对诺贝尔来说，父亲赐予他最重要的财富，就是"保持好奇，寻根究底"。父亲花费半生精力致力于研究"鱼雷"炸药。与几个孩子相处时常常提起自己的工作，向他们介绍化学、物理知识。孩童时，诺贝尔常跑到父亲的工厂去玩儿。有一次，他偷偷将一点火药装进纸袋拿回家，模仿父亲做实验的样子摆弄起来，然而摩擦引起了火药的爆炸。不小的声响和一团黑烟让父亲立刻发现了诺贝尔的把戏，他非常严厉地批评了诺贝尔，并禁止他玩火药。之后，父亲让惊慌失措的诺贝尔坐在椅子上，向诺贝尔解释了火药会爆炸的原因，并详细地将其中的化学知识讲给他听。在惊愕与恐慌之中，诺贝尔第一次感受到了化学的力量。

父亲总在启发诺贝尔的好奇心。诺贝尔伏在父亲膝盖上闹着要父亲读书给他听时，父亲就把家里一套最厚的藏书《大英百科全书》搬出来，给他阅读里边的章节。有一次读到有关恐龙的内容。书里说："恐龙的身高有二十五英尺，头有六英尺宽。"对数字还没什么概念的诺贝尔并不理解，却也没有发问。父亲就指着书里的插图说："呀，让我们想一下这是什么意思。也就是说，要是这一只恐龙站在咱们家门前的院子里，那么它的身高足以使它的脑袋够着咱们这两层楼的窗户，可它的脑袋却伸不进窗户，因为它比窗户还宽呢！"形象的描述立刻让诺贝尔激动地跳了起来，他趴在窗台往下看，想象着书里插画上的小小的动物，原来像房子一样大，这太不可思议了！父亲又告诉他，这样庞大的生物现在已经彻底消失了，而原因谁也不知道。这更令诺贝尔好奇了："我觉得兴奋极了，新奇极了！"恐龙灭绝的原因一直是童年时期的他最想弄明白的一件事。

不满足于表面的解释，这是父亲对于诺贝尔的要求。冬日白雪落满山林，父亲带着年幼的诺贝尔在卡茨基山散步。一只鸟振翅飞过，落在树梢，父亲马上说："看见那鸟儿了么？那是只斯氏鸣禽。"他接着说，"在意大利，人们把它叫作'查图拉波替达'，葡萄牙人叫它'彭达皮达'，中国人叫它'春兰鹅'，……。知道了世界不同地区的人怎么称呼这只鸟，我们再来仔细瞧它在做什么吧——那才是真正重要的。"对于诺贝尔来说，他很小就明白"知道一个东西叫什么"和"真正明白一个东西是什么"之间的区别，这都要归功于父亲的教育。"这是父亲教给我的。任何东西，我都要琢磨出它们的实际意义是什么。"

对诺贝尔的提问，父亲从不敷衍。诺贝尔玩球的时候，观察到板子上的小球"不寻常"的运动：他向前推板子时，小球会先向后移动；而他向后拉板子时，小球又向前移动了！年幼的诺贝尔经过多次实验，发现这不是偶然现象，便向父亲求教。父亲仔细地告诉他什么是摩擦力、什么是惯性。母亲听后不由得说："这样复杂的概念，孩子怎么能理解？"父亲却不这么认为："这是在对他进行知识普及，我在向他展示物理的魅力！"一次，诺贝尔在父亲的工厂里看到一个铁锤坠落在一块铁砧上，撞出的火花引爆了铁砧上的硝化甘油，这一幕令他惊讶极了，便向父亲询问那火花是怎么回事。父亲不仅当场解答了他的疑惑，还为他请来一位理化方面的教授，专门担任他的家教。"以后你不但会明白这是什么，还会懂得这是为什么。"父亲对他说。

父亲的循循善诱与耐心、认真，引领诺贝尔走进了一个充满奇妙现象的真实世界。带着父亲赐予他的宝贵财富，成年后的诺贝尔到访多个国家，跟随数位名师学习，后又带领着团队突破一切阻碍坚持研发炸药，获得了巨大成就。

你早该知道的孩子成才秘密
（外国卷）

  当一个五彩缤纷、充满奥秘的世界徐徐展现在一双稚嫩的眼睛面前时，如何解读？怎样认知？孩子宛如一张白纸。这就需要父母引领他们一步步前进，拉着他们的小手在白纸上写下对世界的每一点认识。父母应当拉着孩子的手，放慢脚步，轻声向他们询问："看到那只鸟儿了吗？你知道它的家为什么在树上吗？"

  好奇心是一把钥匙，能够开启求知之门。爱问为什么的孩子，总能掌握更多的知识，比其他孩子更快地认识世界。而爱问为什么的孩子，都是被有耐心和有启发力的父母培养出来的。

树立正确的金钱观
——洛克菲勒的家教

◎ **家庭类型**

　　商人家庭

◎ **教育方式**

　　独立自主型

◎ **名人档案**

　　约翰·洛克菲勒（1839—1937）　美国实业家，慈善家。1870年创立了标准石油。在全盛期他垄断了全美90%的石油市场，成为美国第一位十亿富豪与全球首富。他也普遍被视为人类近代史上的首富。标准石油被美国最高法院判决违反反托拉斯法并在1911年被勒令拆分为34家公司。其后继企业艾克森美孚、埃莫科、康纳科和雪佛龙在百年后的今天依然是世界上最大的数家石油公司。

◎ **名人名言**

　　我们劳苦的最高报酬，不在于我们所获得的，而在于我们因此而成为什么。

——洛克菲勒

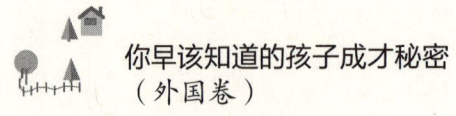

洛克菲勒家族是美国最有名的家族之一,被誉为"美国第一家族",拥有影响全球经济的能力。从19世纪开始,洛克菲勒家族以发展石油及相关产业起家,逐渐发展到冶金、化工、航空运输、汽车工业、电讯业、金融业,并始终坚持做慈善事业,两个世纪以来历经六代实力不减,堪称美国传奇。

中国有一句老话:"富不过三代。"而美国洛克菲勒家族历经六代,依旧有着强大的经济实力与影响力。从19世纪白手起家的约翰·洛克菲勒开始创业至今,其家族资产积累超过三千亿美元,掌控着美国一半的石油企业与航空运输企业,在金融业有着不可动摇的地位。富裕繁荣与持续发展让这个家族充满了传奇色彩。洛克菲勒家族的成员们从不会躲在家里研究如何守住财富,而是积极开拓领域,向不同产业发展。同时,他们对文化事业与慈善事业也总是慷慨解囊。

从约翰·洛克菲勒开始,家族就逐渐形成了培养下一代的独特方法,除了鼓励孩子们独立自主、认真学习之外,还特别注意培养他们的理财能力。

约翰·洛克菲勒出身于一个商人家庭,生活比较富裕和安定。父亲好交际、爱冒险、讲求实际。在商界多年,对社会的现实与冷酷有着很深的体会。在约翰学习写字的年龄,父亲就教他记账,并告诉儿子,"记账让你明白自己的钱花在哪里,也让你反思是否值得",而记账这个习惯也伴随洛克菲勒终身。不论是十四岁时做家务获得的收入,还是成为石油大亨之后动辄千万元的生意,他都会记在账本上。母亲是个虔诚的基督教徒,勤劳、质朴、家教严格。约翰的父亲在外经商往往三四个月才会回家一次,母亲不但承担了所有的家务,还负责教育约翰。母亲要求约翰自律节俭,主动帮助他人。拥有父亲的商业头脑和母亲的勤劳节俭,约翰正式踏入社会之前就精明而坚强,一辈子将"不俭则匮"当作信条。

"让孩子明白金钱是怎么来的。"约翰的父亲总这样说。父亲看得出少年老成的儿子有着冷静而敏锐的商业头脑,父亲十分支持儿子自己创业。但当十九岁的约翰开始创业时,父亲提供给他一千美元的支持,不但要求他还钱,还附加了每年百分之十的利息。约翰认真考虑之后欣然接受。通过一番奋斗,约翰不但还清了向父亲贷的款,还成为全世界第一个身价超过十亿美元的富豪。

在培养自己的孩子时,约翰继承了父母的教育方式,他从不向孩子透露家里多么有钱,以至于在孩子们长大成人之前都不知道父亲是做什么的。为了防止儿女们挥金如土,约翰认为必须让孩子体会到赚钱的不易。他在家建立了虚拟的市场经济,称妻子为"总经理"。孩子们通过做家务获得零花钱,每一项家务有着明确的奖励金额:打苍蝇两分钱;削铅笔一角钱;练琴每小时五分钱;修复花瓶则能挣一元钱;一天不吃糖可得两分钱,第二天还不吃奖励一角钱,家里唯一的男孩小约翰劈柴的报酬是每小时一角五分钱……当孩子们积累了一笔小小的财富之后,约翰也要求他们每个人开始记账,并教他们如何使用金钱最合适。

节俭也是金钱观教育中的重要一环。家里的四个孩子只拥有一辆自行车,孩子们想要使用自行车,就需要学着与其他人协商。日后成为洛克菲勒家族第二代掌门人的约翰·洛克菲勒,八岁之前总是穿着姐姐们的衣服,甚至是裙子。尽管约翰·洛克菲勒的节俭时常被调侃,但他始终没有忘记母亲的教导:"帮助他人。"不肯多花钱买一辆自行车的约翰,却愿意投资大笔资金,支持国家医学研究机构和教育事业的发展。支持发展慈善事业也是洛克菲勒家族闻名于世的重要原因之一。几代人致力于全球卫生和教育事业的发展,为许多贫困地区提供了帮助。至今为止,约翰创立的洛克菲勒基金仍是全球最大的慈善机构。

"赚钱的能力是上帝赐予我们的能力。"约翰这样教育他的孩子们,"我们要回报上帝。"约翰受父亲影响最多。在继承家业之后,约翰热衷于社会公共事业,并为保护凡尔赛宫等文物奉献了大量财力和精力,为洛克菲勒家族赢得很多的赞誉。

你早该知道的孩子成才秘密
（外国卷）

  了解并亲身体会赚钱的不易；不论家庭状况如何都奉行节俭；在自己有能力时向他人提供帮助——这便是洛克菲勒家族传承几代的观念，他们的金钱观与教育方针得到了美国家庭的普遍认可。

  在中国，父母很少主动向孩子谈钱，几千年的传统观念令我们普遍认为晚辈为长辈做事是孝敬，做家务是家庭成员的责任，与此对应的是父母对孩子无条件的金钱支持。而在美国，孩子通过劳动赚钱是一种普遍现象，十六岁以上的孩子打工赚钱为自己存大学基金，或是创业的年轻人向父母贷款购房，都很常见。不同的文化塑造了不同的教育，不同的教育形成了不同的观念。不论采用哪一种教育方式，都应在孩子心中树立正确的金钱观。

  并非每个家族都能提供给后代一个庞大的财团，但每个家庭都应培养孩子正确的金钱观念。毕竟，这才是最大的财富。

  如今，许多家庭的生活条件越来越好，对孩子的溺爱也越来越严重：为孩子花钱时格外大方，从不让孩子了解家庭经济情况……这些行为都不利于孩子金钱观的形成，这无疑在他们的成长中埋下了一个不良的隐患。

你早该知道的孩子成才秘密
（外国卷）

孩子潜能的开发要趁早
——柴可夫斯基的家教

◎ 家庭类型

  工薪家庭

◎ 教育方式

  启蒙开发型

◎ 名人档案

  彼得·伊里奇·柴可夫斯基（1840—1893） 俄国作曲家。1859年毕业于圣彼得堡法律学校，一度在司法部任职。1862年入彼得堡音乐学院，毕业后任教于莫斯科音乐学院，后专事创作。代表作有交响曲《第六交响曲》（称《悲怆》）；十一部歌剧中，以《叶甫盖尼·奥涅金》和《黑桃皇后》最为著名；舞剧《天鹅湖》《睡美人》《胡桃夹子》，赋予舞剧音乐以交响性表现力。艺术上突破传统程式，其音乐着重内心刻画，旋律、配器富于表现力。

◎ 名人名言

  灵感全然不是漂亮地挥着手，而是如犍牛般竭尽全力工作的心理状态。

——柴可夫斯基

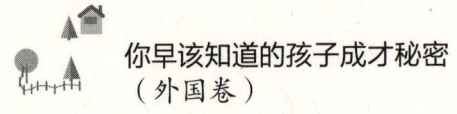

根据生物学、生理学、心理学等学科的研究，每个人生下来，就具有一种隐秘地潜藏在体内的特殊力量，这就是潜能。要塑造天才、发掘天才，很重要的一点就是，尽早挖掘出孩子的潜能，在孩子还是婴儿时，就对其智力、潜能进行开发。

19世纪俄罗斯伟大的音乐大师柴可夫斯基是音乐天才，他被公认为拥有非凡的音乐天赋。他的这种天赋跟他父母在他还是婴幼儿时，对他音乐潜能的开发不无关系。1840年，柴可夫斯基出生在俄国的沃特金斯克，这是一个金属工业城。他的父亲在矿区任工程师，母亲是一个普通的家庭主妇，家里没有一个人拥有很高的艺术造诣。但是，他们都很热爱音乐。

每天，父亲去上班后，母亲就在家照看幼小的柴可夫斯基。母亲很喜欢唱俄罗斯民歌，还是婴儿的柴可夫斯基在母亲哼着的这些有节奏的乐曲中进入甜美的梦乡。母亲的歌声伴随着柴可夫斯基长大，那首《夜莺》是他最喜爱的曲子之一。而当傍晚来临，摇篮里的他总会听见父亲回家时"嘚嘚"的马蹄声，久而久之，每当他听到这种声音时，他就会随着声音挥动着胖乎乎的小手。父亲一回到家中，就会将摇篮里的儿子抱起，放在双腿上，一边模仿马蹄的声音，一边轮流交换着左右腿，抱着儿子上下颤动。这些对于小小的柴可夫斯基来说，是一种美妙的节奏。

母亲成为年幼的柴可夫斯基音乐上的启蒙者，她能弹一手好钢琴。每当母亲手指敲出悦耳的琴声时，柴可夫斯基就会在她身旁安静地听。家中那架自动风琴传出的乐曲也深深吸引着他。《唐璜》的旋律让柴可夫斯基对其作者莫扎特产生了深深的崇拜之情，他反复地听莫扎特的曲子，以至于一生都崇敬莫扎特，热爱莫扎特的音乐。

母亲的歌声、父亲的游戏、风琴的乐声，让柴可夫斯基拥有了敏锐的听辨力和良好的乐感。可以说，柴可夫斯基父母这些看似"无意"的启蒙，正好开启了他音乐潜能的大门，让他与音乐结下了不解之缘。

柴可夫斯基在听到一首曲调后，就能很快地在钢琴上弹奏出来。这种即兴演奏，是他的过人之处。有一次，柴可夫斯基的父母发现他能把家乡圣彼得堡音乐会上听到的旋律用钢琴弹奏出来后非常惊讶，于是他们决定送柴可夫斯基去上正式的音乐课程。他拥有的过人的听力和乐感，自然使得他在音乐造诣上有所成就。1863年，柴可夫斯基放弃了主修的法律，转而主攻音乐。最终，在音乐世界中释放了自己的潜能，并寻找到了满足，成为俄罗斯著名的音乐家。

柴可夫斯基的父母可能从来都没有想到自己的儿子有一天能成为一名享誉世界的音乐大师，但是，他们"无意"之中发掘了儿子的音乐潜能，培养了儿子敏锐的听力、节奏感、记忆力。从柴可夫斯基后来取得的成就来看，他小时候受到的音乐熏陶，成为他一生最强的音乐记忆。

家教感悟

柴可夫斯基父母对他早期的潜能开发，留给了父母们一个很好的家教方法——孩子潜能的开发要趁早。

很多成功的家教事例都说明：对孩子的教育开始得越早越好，要趁早开发孩子的潜能。在西方，《卡尔·威特的教育》这本书被很多家长当作家教宝典。这本书表现了老卡尔一个重要的教育观点：就是强调孩子的早期教育，儿童的教育必须从孩子智力萌芽的那一刻开始。老卡尔认为儿童天生具有潜能，但这种潜能随着年龄的增长会逐渐递减的，因此父母对孩子的教育要趁早，不要错过孩子最佳的学习时期，要及时地给孩子发展其

潜能的机会。正是在这样的教育理念指导下，小卡尔·威特从一个出生时被认为有些痴呆的婴儿，成长为19世纪德国著名的天才。

无独有偶，西方很多有名的教育家都曾提到：重视孩子的早期智力开发。20世纪杰出的幼儿教育家蒙台梭利认为"儿童出生后头三年的发展，在其程度和重要性上，超过儿童整个一生中的任何阶段……如果从生命的变化、生命的适应性和对外界的征服以及所取得的成就来看，人的功能在零到三岁这一阶段实际上比三岁以后直到死亡的各个阶段的总和还要长，从这一点上来讲，我们可以把这三年看作是人的一生。"伊拉斯谟在《一个基督教王子的教育》中写道：从来没有什么东西像在早年学习东西那样根深蒂固。而多数犹太教育家也认为，婴儿在零至三岁的学习方式与长大后不同，前者是一种模式学习，即无意识学习；而后者是主动学习，即有意识学习。

以往，很多父母认为婴幼儿就像一张白纸，不具备学习与接受教育的能力。然而现在，持这种偏见的家长们是否该转变一下呢？我们或许能培养出下一个柴可夫斯基呢。

婴幼儿并不完全是一张白纸，他们也能无意识地学习。人都是有潜能的，但人的潜能并不是永存的、恒定的，而是有一个潜能递减的规律。因此，要及时、趁早开发孩子的智力与潜能。

择良师，寻益友
——莫泊桑的家教

◎ **家庭类型**

  贵族家庭

◎ **教育方式**

  启发引导型

◎ **名人档案**

  居伊·德·莫泊桑（1850—1893）　法国作家。曾参加普法战争。后在海军部和教育部任职。创作受福楼拜、左拉和屠格涅夫的影响。一生写有近三百篇短篇小说和六部长篇小说。代表作有《羊脂球》《项链》等。

◎ **名人名言**

  只要有一种无穷的自信充满了心灵，再凭着坚强的意志和独立不羁的才智，总有一天会成功的。

——莫泊桑

莫泊桑的短篇小说作品可谓脍炙人口。其鲜活简练的人物刻画、扣人心弦的悬念设置与出乎意料的精彩结尾，令故事生动有趣，充满了现实主义的色彩，给读者们留下了深刻印象。他的成功，除了源于莫泊桑自己的努力之外，也受益于他人生中的第一位良师益友——母亲。

莫泊桑出身于贵族家庭，幼年时家境富足。后家道衰落，莫泊桑的父亲做了交易所的经纪人，却依旧不改骄奢淫逸的公子哥儿习气，这令出身名门的母亲非常反感。父母感情破裂后，莫泊桑一直在母亲身边生活。母亲带他居住在海边一栋别墅里，亲自教他读书写字。

滨海的乡村环境优美，民风淳朴，母亲带着莫泊桑看海和树林，陪他在野外游戏。在当时，贵族与平民交朋友很少见，但这样的门第之见为母亲不齿。她鼓励莫泊桑与农民、渔夫交谈，听他们讲奇闻逸事，与他们的孩子一起玩耍。童年的经历给莫泊桑留下了深刻的印象。这位贵族的儿子通过与这些普通百姓的交往，看见了与贵族阶级全然不同的生活方式，对社会的认识也深刻了几分，为日后的创作积累了素材。

学识丰富的母亲是莫泊桑的第一位老师。莫泊桑的母亲洛尔·勒·普拉特文出身于书香门第，她哥哥阿尔弗莱德是当时很有名气的文学家，洛尔本人也喜好文学，对当代名家的作品非常熟悉，在文学评论上颇有造诣。她倾尽所能培育儿子，教他拉丁文，给他读名家作品，向他讲解文中的意思，并鼓励他写作。不论是短小的诗篇，还是稚嫩的小说，只要莫泊桑写作，都会得到母亲的肯定。通过这样的方式，莫泊桑的文学写作得到了良好的启蒙。

在母亲的悉心教导下，聪颖的莫泊桑也显示出了不错的文学能力，母亲欣喜之余，也感到自己能力的不足，便决心为儿子找一位好老师。莫泊桑的舅舅将自己的同窗好友、当地著名诗人路易·布耶介绍给了莫泊桑。十三岁的莫泊桑在母亲的指导下,写作能力与文学知识已有了一定的积累。路易对他的才华十分欣赏。教他进行多种体裁的文学创作,为莫泊桑走上文学道路打下了坚实的基础。

在哥哥阿尔弗莱德的引荐下,莫泊桑的母亲洛尔结识了当时大名鼎鼎的文豪福楼拜。她对他十分钦佩,也希望莫泊桑能够得到他的指导。只是如此有名的文豪,又怎么会收一个无名小卒为徒呢?思来想去,洛尔认为应当想办法展露儿子的才华。

之后,莫泊桑写的每一篇作品,母亲都会保存起来,哪怕只是零散的片段,都会得到母亲的重视。莫泊桑自然懂得母亲的期待,本身就热爱文学的他更加努力地学习写作。他总是闭门阅读名家著作,写了大量的文章练笔,向老师布耶和舅舅请教。

布耶被母子两人的努力打动了,主动提出带莫泊桑去拜访福楼拜。临行前,母亲拿出了厚厚的一沓稿纸,这全都是莫泊桑的作品。原来,母亲不但悉心收藏莫泊桑的每一篇文章,还把其中写得好的专门挑出来,装订成册,以便得到名师指点。福楼拜看到这样多的作品,对这个年轻人的刻苦非常满意。不但毫无架子地阅读他的作品,指点其中的优劣,还很愉快地将莫泊桑收为门生。

莫泊桑的第三位老师福楼拜更注重作品中的内涵,而非技巧。他要求莫泊桑的作品真实、贴近生活。有一次,莫泊桑向他讲述了一个故事梗概。福楼拜不多点评,只是叫他上街去认真观察每一个人,详细地描绘每个人的特点;听一听他们在交谈什么,然后将这些写下来。通过这样的观察与练笔,莫泊桑在人物刻画上更加精练,在故事设置上也更为真实生动。师从福楼拜十年,莫泊桑的文学水平更上一层楼,终于创作出《羊脂球》而名动天下。

尽管儿子已经师从大家,母亲仍会认真地看他的每一篇练笔,向他提出自己的建议;有时莫泊桑没有灵感,母亲就陪他一起上街去观察人群;福楼拜提出了写作要求,母子两人也经常一起研究,寻找更好的写作方法。直到莫泊桑成为名作家,母亲依旧不改收集他的作品的习惯,用一生的时间做他的文学

顾问和评论家，只为他能写出更好的作品。

在福楼拜门下学习的时候，莫泊桑不忘母亲要他多交朋友的鼓励，结识了左拉、都德、屠格涅夫等大文豪。他们对莫泊桑的文学发展都有所帮助，比如屠格涅夫曾为莫泊桑改过手稿，还介绍俄国文学作品给他阅读，使他大开眼界。

走上文学之路的莫泊桑，将现实主义短篇小说的艺术提高到一个新的境界，这也使得他名声大噪，甚至超过了他的老师福楼拜，成为一代巨匠。

父母是孩子的第一任老师，肩负着启蒙的重任，这关系着孩子基础能力的培养，并会影响其一生。母亲对莫泊桑的教育是他走上文学道路的开端，而母亲为他选择的良师，则成为他成长发展的重要力量。为孩子找一个好的老师，并与老师的教育配合，双管齐下辅助孩子，不失为一种有效的教育方式。

将孩子的手交给一位良师，是父母为孩子做的最关键的人生投资。一位好的老师，能够从知识到人格，全方位地打造出一个优秀的孩子，为孩子的未来积淀财富。

在大师的引领下成长
——罗曼·罗兰的家教

◎ **家庭类型**
　　知识分子家庭

◎ **教育方式**
　　启蒙开发型

◎ **名人档案**
　　罗曼·罗兰（1866—1944）　法国作家、音乐学家、社会活动家。巴黎高等师范学校毕业。曾任艺术史、音乐史教授。早期从事戏剧创作，20世纪初陆续发表《米开朗琪罗传》《贝多芬传》《托尔斯泰传》等。1904年—1912年创作长篇小说《约翰·克利斯朵夫》，1921年—1933年完成长篇小说《母与子》。获1915年诺贝尔文学奖。

◎ **名人名言**
　　前途并不属于那些犹豫不决的人，而是属于那些一旦决定之后，就不屈不挠、不达目的誓不罢休的人。

——罗曼·罗兰

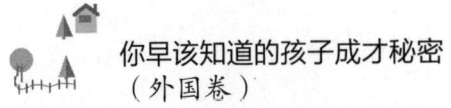

常言道:"榜样的力量是无穷的"。一个以世界大师为榜样,从小在大师的熏陶下长大的孩子,能创造出怎样的一番事业呢?罗曼·罗兰——这位给全世界留下丰富精神遗产的伟人正是在大师们的引领下成长的。

罗曼·罗兰出生于法国克拉姆西小镇的一个中产阶级家庭。父亲是一名公证员,深受当地人尊重。母亲虔诚严谨,是一个笃信宗教、喜爱音乐的女性。为了养育两个子女——罗曼和玛德琳,她献出了毕生精力。

在孩提时代,罗曼·罗兰就为自己找到了超越一切语言的语言。贝多芬、莫扎特这些音乐大师是他心灵的最初使者。小时候,罗曼·罗兰是一个很敏感、经常沉醉于个人世界里的孩子。他时常透过窗户,望着不远处那条静静的运河出神;有时他也会仰望着天空的浮云,天马行空地遐想。这一切都没有逃过感情细腻的母亲的双眼。当母亲发现小罗兰那敏感而又喜欢思索的天性后,她决定用音乐开启儿子的智力。

母亲常常坐在钢琴前,轻轻地弹奏着;而小罗兰像大人似的一本正经地听着悦耳的琴声。贝多芬,莫扎特……把小罗兰带到了一个全新的世界。在母亲的音乐启蒙下,小罗兰的音乐天赋很快得到了开启。渐渐地,幼小的罗兰爱上了音乐,而大师们的作品也启迪了他年幼的心灵。罗兰曾这样描述:我翻阅着那些古旧的乐谱,琢磨着上面的钢琴注释,在钢琴上把它们断断续续地弹出来……旋律中的那些音符似溪流一样灌溉着我的身心,像雨水渗入土壤般渗进了我那干涸的心田。莫扎特、贝多芬的幸福和痛苦,理想和梦境变成了我的血肉之躯。我就是他们,他们就是我……我多么感激他们呀!我儿时生病时,死亡已近在咫尺,一曲莫扎特的优美旋律就像心爱的人一样守候在我的枕边……后来,在怀疑和沉沦的危险时刻,贝多芬的音乐又为我点燃生命永恒的火花……每当我精神消沉的时候,每当我心灵干涸的时候,我便走到我的钢琴前，接受音乐的洗礼。

在母亲的引领下，幼年时期的罗兰便接触到世界级的音乐大师。大师们的作品激活了小罗兰身体上的艺术细胞，对他的一生产生了重要的影响。罗兰每周，甚至每天，都与贝多芬在琴键上倾谈。尽管罗兰最后并没有成为一个音乐家，但是艺术是相通的，音乐对他的创作无可避免地产生了作用。他的代表作《约翰·克利斯朵夫》写的就是一个音乐家的一生。人们说他在"用音乐写小说"。罗兰曾在散文《给不朽的安提戈涅》中表示，他对艺术和人生意义的充分认识要归功于两位夫人，而其中一位就是他的母亲。

当然，家庭对罗兰的影响除了音乐，还有文学。在罗兰的童年时代，一位文学的神灵向罗兰走近，他就是英国戏剧大师莎士比亚。在家中阁楼的藏书室里，小罗兰在旧书中翻出了莎士比亚的作品。一册褪了色的《莎士比亚笔下的女性画像》中那些可爱的面孔，那些迷人的名字吸引了小罗兰的目光。但最吸引他的还是剧本本身的魅力，小罗兰一头钻进了剧本的情节之中。常常一连几小时坐在安静的阁楼里，沉浸在心爱的书中，忘记了周围的一切，也忘了他自己。

对莎士比亚的热爱贯穿于罗曼·罗兰的一生。他总像对老朋友一样经常拜访莎翁的作品。那本童年时期就吸引了他的画集被他翻了一遍又一遍。后来，他阅读了莎士比亚的全集，并且背诵了许多剧本中的经典台词。莎士比亚的戏剧俘获了罗兰的心。他曾说，"莎士比亚像战胜者似的占有了我，我像一枝花朵依偎着他"。

对于年幼的罗兰来说，贝多芬、莎士比亚这些卓越的大师，点燃了他最初的激情。他用最热忱的目光仰望着他们，即使是到了青少年时代，依然如此。在就读于巴黎的路易大帝中学文科班时，他对大城市的物质世界感到失望，却幸运地"结识"了第三位大师——荷兰哲学家斯宾诺莎。在一个孤独的夜晚，他拜读了这位大师的作品。从此，这位哲学家成为他信仰的引导者，照亮了他的灵魂。在就读巴黎高等师范学校时，他接触到文学泰斗托尔斯泰的作品，并衷心地热爱这位大师。在他处于人生彷徨之时，托尔斯泰的回信挽救

你早该知道的孩子成才秘密
（外国卷）

了他。

在罗曼·罗兰成长的每个关键时期，总有几位大师成为榜样，影响着他的生活。而最早让他有机会同大师握手的，正是他的母亲，他的家庭。

  一个从小就被最伟大的人物召唤的人，他的一生不可能禁锢在狭隘的圈子里。虽然成长于并不发达的小镇，但贝多芬的音乐、莎士比亚的戏剧，已经让年幼的罗兰超越了地域的局限，获得了心灵的放飞。对音乐与莎士比亚的热爱贯穿了罗曼·罗兰的一生，并将罗兰引领到了艺术与文学的殿堂。家长们在教育孩子时，不妨给孩子创造接触大师作品、与人类优秀人物交流的机会。

  音乐是有声的世界，而书籍是无声的天地。应尽早让孩子接触大师们的作品，借大师的智慧开启孩子的心灵。

你早该知道的孩子成才秘密
（外国卷）

良好的品质，朴素的家教之道
——居里夫人的家教

◎ **家庭类型**

　　知识分子家庭

◎ **教育方式**

　　益友引导型

◎ **名人档案**

　　居里夫人（1867—1934）　法国物理学家、化学家。原籍波兰，原名曼娅·斯可罗多夫斯卡。巴黎大学理学博士。1895年与比埃尔·居里结婚，他们共同就贝可勒尔在当时首先发现的放射性现象进行研究，先后发现钋和镭两种天然放射性元素。1906年居里去世后，她继续研究放射性现象，获得成就，并提炼出金属态的纯粹的镭。和居里、贝可勒尔共获1903年诺贝尔物理学奖，后又独获1911年诺贝尔化学奖。

◎ **子孙档案**

　　伊雷娜·居里　居里夫人长女。与其夫约里奥·居里，于1935年共获诺贝尔化学奖。

　　艾芙·居里　居里夫人次女。优秀的音乐教育家和人物传记作家。

◎ **名人名言**

　　人类也需要梦想者。这种人醉心于一种事业的大公无私的发展，因而不能注意自身的物质利益。

　　　　　　　　　　　　　　　　　　　　——居里夫人

居里夫人说，我们不应该虚度一生。她认为勤奋工作和自强自立比什么都重要。女儿伊雷娜和艾芙都还小的时候，她就开始注意关注她们的智力发展，从而保证她们具备长大以后的工作能力。她发明了一种"幼儿智力体操训练"，孩子不到一岁时，居里夫人就开始启发她的大脑处理信息的能力。她希望，她能够抓住智力成长的黄金时期，对她们进行有效的培养。

她首先带着女儿亲近大自然。刚开始，她们会去动物园认识动物。居里夫人给她们讲很多有关动物的故事，比如鼹鼠怎么打洞，兔子怎么筑窝。认识了动物以后，居里夫人还在家里养了一只小猫，让女儿们和猫一起玩耍。当居里夫人不在实验室工作的时候，她们就会去公园或者植物园，看蓝天，看草地，看白云以及在大自然中的人们。女儿们在这样的环境里生活得很快乐。然而，居里夫人知道这样是远远不够的。

等她们稍微长大一些，居里夫人便带她们走进艺术和文学的殿堂。她教她们用泥土捏出想要的图形，在她们睡前给她们讲童话故事，让她们认识丑小鸭、白天鹅、白雪公主；教她们画画、弹琴。她还在院子里栽满盆栽，交给女儿们打理。两个女儿经常把花花草草弄得乱糟糟的，但那不要紧，居里夫人看到她们开心，也会感到欣慰，甚至兴致来了还会加入她们的嬉戏中。等女儿们稍大点，居里夫人就教会了她们骑自行车。在实验室里她是个严谨的女性，可是一回到家中，她立刻变为孩子们快乐的来源。孩子们总是盼着她讲各种看到的事，盼着她带她们散步，一步一步领着她们成长。

如果人们看到这里，觉得居里夫人对女儿的要求颇为宽松，只注重大自然对她们的熏陶，那就错了。其实居里夫人在家庭教育中对孩子的要求和在实验室里对自己的要求一样，她希望孩子们能够在任何环境中生存和成长下去，不畏艰难，建立起自己的一番事业。她总是教导她们："一个人不仅要自信，更重要的是要自立。"她说:"我有一个最高原则,不管是对人或者对事,都决不屈服。"正是这样的不屈服,带给了她人生中最大的精神财富,她想把这样的精神财富也带给女儿们。居里夫人期望她们拥有一种可以对抗逆境的技能。她有意识地时时督促,让女儿们能独立学习、生活,能够不被外界的名利所左右。

  丈夫去世之后,两个女儿的抚养担子落到居里夫人肩上。这个时候她拥有自己辛辛苦苦在实验室中分离出来的镭。这一克镭在当时来看,价值一百万法郎。如果卖掉它,自己和女儿的生活问题都解决了。但是她坚持不卖,把镭捐给了实验室,还给两个女儿讲,不能贪图荣华富贵,从小就应该艰苦朴素。告诫女儿:"镭必须属于科学,不属于个人。"

  "俭以养志",她这样教育女儿:"贫困固然不方便,但过富也不一定是好事。必须依靠自己的力量,谋求生活。"有一次朋友到居里夫人的家里做客,惊讶地发现居里夫人的女儿艾芙正在玩英国皇家学会刚刚颁发给居里夫人的奖章。居里夫人则说,她想让孩子从小就知道荣誉就像玩具,看得太重只能一事无成。

  童年时家乡被殖民的经历是居里夫人终生难忘的,所以她非常向往和平。一战到来的时候,她把诺贝尔奖奖金捐献给了法国政府,还亲自拉着大女儿伊雷娜带着X光机上战场,为伤员服务。这次战场经历让伊雷娜进一步成长起来,她还因此获得了法国政府颁发的奖章。

  深谙教子之道的居里夫人不满足于女儿们一点点的成长,她希望女儿们都成为对科学和社会有用的人,所以她为她们自创了一套"特殊教育"。她把她们领到在索尔本的实验室,请专业的科学家们教她们化学、数学、文学、历史、雕塑和绘画,她自己则教物理学。经过两年的特殊教育培养,伊雷娜文静、朴实的性格展露出来,坚定了自己也要当一个科学家的理想;而艾芙思维活跃,中意于文艺活动,居里夫人则因势利导,让她专注于自己喜爱的学科和活动。

你早该知道的孩子成才秘密
（外国卷）

居里夫人乐于奉献的精神，对国家的赤诚，影响了之后的每一代人。人们不仅敬佩她，还惊异于她看待名利的态度和勇气。她对人类的贡献，绝不只是她的科学成就，她为自己以及社会培养了两个优秀的人才。对伊雷娜和艾芙来说，母亲给她们提供的最好教育就是时刻提醒她们不能成为贪图享乐的人。

居里夫人让我们相信：人可以承受环境的艰苦并做出巨大的成绩。

下一代的成长比眼前的利益更加重要，"富二代""官二代"的父母们应该反思的就是如何把精力从守住家业转移到"守住"孩子上。父母要告诉孩子过去的奋斗经历，更要教会他们如何通过奋斗实现自己的理想。

你早该知道的孩子成才秘密
（外国卷）

学会善待"笨"孩子
——丘吉尔的家教

◎ **家庭类型**
　　政要家庭
◎ **教育方式**
　　赏识教育型
◎ **名人档案**
　　温斯顿·伦纳德·斯宾塞·丘吉尔（1874—1965）　被认为是20世纪最重要的政治领袖之一，被评为有史以来最伟大的英国人，集英国历史学家、政治家、画家、演说家、作家、记者等多个头衔于一身，曾两度担任英国首相（1940年—1945年，1951年—1955年）。保守党领袖。1940年组织战时联合内阁，领导英国对德作战。1946年在美国富尔顿发表演说，主张英美联盟，对抗苏联，揭开战后"冷战"序幕。著有《第二次世界大战回忆录》《英语民族史》等。获1953年诺贝尔文学奖。
◎ **子孙档案**
　　戴安娜·丘吉尔　丘吉尔之女。电影演员。
　　伦道夫·丘吉尔　丘吉尔之子。保守党议员。
　　莎拉·丘吉尔　丘吉尔之女。电影演员。

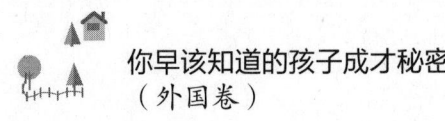

◎ 名人名言

你若想尝试一下勇者的滋味,一定要像个真正的勇者一样,豁出全部的力量去行动,这时你的恐惧心理将会为勇猛果敢所取代。

—— 丘吉尔

所谓的"笨"孩子,在学校一般被称为"差生""后进生"或者"学困生",这类孩子在老师和家长的心目中就是成绩差、没出息的代表。但这样的理解是十分片面的。也许,他们只是考试的分数低了点,但仍然拥有相当大的发展潜力。因为分数不能代表一切。幼年考试成绩糟糕的孩子,长大了也有可能成为叱咤风云的大人物,温斯顿·伦纳德·斯宾塞·丘吉尔便是如此。

丘吉尔出生在英国牛津的一个贵族家庭。幼年时,由于一直生活在保姆爱维莉丝特太太的溺爱之中,他成长为一个顽皮的孩子。他的母亲经常说他是"最难管教的孩子"。七岁那年,他被送入圣乔治寄宿学校学习,成绩出乎意料地差,而且在学校还是个有名的拙劣学生。上中学以后,他依然故我。他对拉丁文、神学和数学都不感兴趣,只相对比较喜欢历史、军事,因此,被列为学习成绩最差的学生。丘吉尔后来回忆说:"……冷酷的考试内容,对我是一种很大的折磨。……主考偏重的拉丁文和数学,我几乎都不能给出满意的答案。"除了成绩差,他的拙劣也很让老师和同学头疼。他落落寡合,自制力差,不能遵守校规,常常纠集一伙同伴玩打仗的游戏。他个性倔强,不轻易服输,就连校长对他表示不满批评他时,他也会回击。成年后,他连续两次投考桑德赫斯特皇家军事学院都名落孙山,第三次也只是以刚好及格的分数进入军事学院学习。对此，丘吉尔在他的自传中写道：在十二年的学校生活里，我从未取得丝毫的成功，未学过任何有用或者有趣的东西，也从未玩过什么有意思的游戏。回想起来，这十二年是我一生中既痛苦又无成绩的阶段，是我人生中一段灰暗、沉闷的旅程。我劳而无功，惶惶不可终日，生活中到处是不快乐和束缚。"

然而，就是这样一个在大多数家长眼中无可救药的"坏"孩子，他的父母却未曾放弃他。父母一直认为，丘吉尔的智力是优良的，英语写作和演讲也非同一般。分数不能说明什么，假如专业与他的特长相符，兴许会好起来。因此，他的父母送他进桑德赫斯特军校，当了一名骑兵士官生。桑德赫斯特军校是一所极普通的士官学校，有身份的人的孩子一般是不会进这所学校的。正是在这个上流社会子弟们瞧不起的地方，丘吉尔如鱼得水。军校毕业时，丘吉尔的成绩在班上名列前茅。他的父亲总是乐观地说："让他去吧！男孩子在找到了可以显示才能的场合后，自然会变好的。"

丘吉尔在他的自传中有一段关于对母亲的回忆："母亲总是在我左右给予帮助和建议，而且她从未想对我实行家长式的控制。实际上，她很快成了我的热心支持者，利用她的一切影响和无穷的精力来促进我的计划，维护我的利益。她已年届不惑，但依然年轻、漂亮、迷人。我们的关系平等，更像一对姐弟，而不是母子，至少在我看来是如此。这样的关系一直持续到最后。"

小时候很"笨"，长大了却异常成功的人士比比皆是。无论是性格孤僻、大脑迟钝的小爱因斯坦，还是当年因为成绩太差而退学的华罗庚，他们都在成年后都取得了举世瞩目的成功。再看看一些例子，英国

保守党前首相梅杰,在高中时被迫退过学;狄更斯、马克·吐温以及高尔基连中学都没念完;美国杰出的总统杜鲁门、华盛顿也都没上过大学……由此可见,纵使是"笨"小孩,他们长大后却依然可以做出惊人的成绩。

教育家周弘曾经说过:"没有种不好的庄稼,只有不会种庄稼的农民。"农民怎样对待庄稼,便决定了庄稼的命运。教育孩子也同样如此。孩子好比是庄稼,父母则是扮演农民的角色。先天的条件再好,没有恰当的培养,收成总是不如人意。丘吉尔虽然是个"笨"孩子,但他的父母却是"好农民"。没有良好的家庭教育,他或许也能成功,但不一定能像现在这样影响着一代英国人。

就算这个世界上所有的人都认为你的孩子不行,但身为父母的你却千万不能这样认为。丘吉尔的成功便是一个很好的例子——父母的宽容和理解以及对家庭、事业的责任感,给他提供了学习的榜样,树立了奋斗目标,也培育了他对祖国的历史责任感。

不要因为自己的孩子"笨"就放弃对他的教育。每个孩子只要在爱的鼓励下,都会有奇迹发生。善待自己的孩子,就像爱护自己的庄稼一样爱护他们,总有一天会有好收成的。

敢于让孩子经历苦难
——希尔顿的家教

◎ **家庭类型**
　　商人家庭
◎ **教育方式**
　　启发引导型
◎ **名人档案**
　　康拉德·希尔顿（1887—1979）　美国希尔顿饭店公司创建者。12岁起随父学徒，经营希尔顿家庭旅馆。曾为州议员，开过银行，当过陆军中尉。1919年买下仅50间客房的莫布雷旅馆，1925年筹资建了自己的第一家饭店，1946年创立希尔顿饭店公司。1947年，该公司的普通股票在纽约证券交易所注册，成为有史以来第一个在证券交易所注册的饭店公司。后创立子公司希尔顿国际饭店公司。

◎ **名人名言**
　　用心发现自己独特的才华，那是迈向成功的第一步。
　　　　　　　　　　　　　　　　　　——康拉德·希尔顿

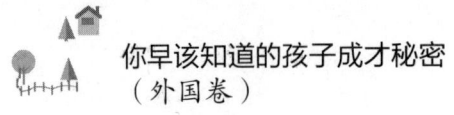

现在提起"希尔顿"三个字,人们首先想到的,会是那在世界各地的大都市里都可以看到的耸入云霄的希尔顿饭店。他所创立的希尔顿国际饭店公司,现在在全球已拥有二百多家旅馆,资产总额数十亿美元,每天接待数十万来自各国的旅客,年利润达数亿美元,居世界最大的旅馆的榜首。然而,很多人不知道的是,希尔顿开始涉足旅馆业时,手头只有五千美元。他经历的困难可想而知。除了他自身对事业有着坚定的信念外,他的父母在精神上也给了他莫大的支持。

希尔顿的父亲格斯·希尔顿幼年随全家从挪威移民到美国。1887年圣诞节那一天,在新墨西哥州圣·安东尼奥这个荒凉小镇的一座堆满杂货的土坯房里,康拉德·希尔顿降生了。1907年,经济恐慌袭击了美国,一夜之间,希尔顿一家陷入了困境,家中仅剩下一间堆满货物的五金商店。为了摆脱危机,他们把货物低价甩卖,腾空房子开办了"家庭式酒店"。父亲当总管,母亲做饭菜,而希尔顿和弟弟担负起揽客的任务。父亲认为希尔顿作为学徒,应该努力学习。学习如何经营,学习如何满足社区顾客的需要等。他认为,只有在工作中才能揣摩出"您要什么,我们就有什么"这句招徕顾客的广告词的含义,而这一切的获得只有通过实践才能得来。希尔顿的职位是助理店员,月薪为五美元。这种经历为希尔顿日后经营酒店业提供了很好的锻炼机会。

在做助理店员的过程中,希尔顿还从父亲身上学到了一种十分可贵的品质,那就是不用暴力解决问题,而是用智慧、勇气和有说服力的话语。那时,边陲的许多拓荒者手里都有枪,而希尔顿的父亲却一向拒绝带枪。对父亲的这种行为,希尔顿实在无法理解。因为在当时,除了附近的印第安人经常袭击过往客人外,父亲还常常和一些酒鬼、亡命徒做生意,生命随时都受到威胁。"听我说,康尼。"父亲有一回对希尔顿解释道,"我只有两条路可供选择,一种是永远带着枪，一种是永远不带枪。不带枪是靠你的智慧，带枪是靠你的拔枪速度。可是，只要你带枪，你就会拔枪。但有多少人因为拔枪慢了点儿就永远倒下了。"

一次，有一个喝醉了酒的农场工人把枪口对准希尔顿父亲的胸膛，并宣称再过一个祷告的时间他就要开枪。在场每个人都瞪大眼睛、屏住呼吸怔怔地看着。就在这时，父亲语气温和而又理智地开口说话了。虽然希尔顿站在门口听不清父亲在讲些什么，只见那个醉汉拿枪的手却开始抖动，最后枪掉在了地上，那个醉汉伏在父亲的肩上痛哭流涕，语无伦次地说爱父亲胜过爱自己的手足。"他说的都是真话。"在回家的路上，父亲对希尔顿说道，"你想想，如果我也带了枪，我们两个必定有一个人会躺下去。"

从此，希尔顿深深地认识到：文明终究会战胜并取代野蛮和无知。许多年以后，当希尔顿在事业上遇到两难选择时，总能从那晚上发生的故事和父亲的话中找到答案。

闲暇时，父亲总爱把善意的友谊播撒给他身边的人。他常常在漂亮的卡片上写些充满哲理与智慧的即兴短诗或箴言，然后签上自己的姓名，大老远走上好几英里路，送给一位不会说英语的墨西哥老朋友或是不识字的印第安人。

其中的一首是这样写的：

　　成功也会降临在凡人身上，
　　不必特别算计，
　　不需额外运气，
　　只要稳重、热诚和一身的勇气。
　　成功永远属于勤劳者，
　　面对辛苦、困难不泄气。
　　懂得用双手、头脑和眼睛
　　——且不怕尝试。

希尔顿写道："不知父亲从哪儿发现了这首诗。即便不是他写的，但这却是他自己为人的写照。"

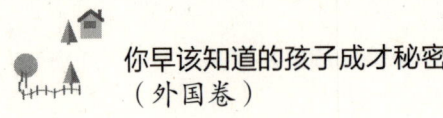
你早该知道的孩子成才秘密
（外国卷）

父亲的爱与精明给希尔顿终身的影响。这位伟大的父亲在1919年遭遇车祸身亡。希尔顿不愿意继续父亲的小本买卖，而是把目光投向了金融业，他渴望成为一名银行家。当时，得克萨斯州云集着来发石油财的冒险家。希尔顿带着他的梦想，渴望大展宏图。没想到，在一次买卖中，卖主却出尔反尔，将售价涨至八万美元，而且不讲价。希尔顿当时迫于无奈决定彻底放弃当银行家的念头。

在碰壁之后，希尔顿来到马路对面的一家旅馆准备投宿，但是旅馆人满为患，旅店的老板也因为对生意状况的不满态度极为不好。当天晚上，希尔顿只好睡在了该旅馆的办公室里。夜里，他做了一个梦，梦见得克萨斯州镶嵌着一连串的希尔顿饭店。在与店主的交谈中，得知店主正想要转让酒店。希尔顿当即决定买下这家旅馆。于是，旅店易主，希尔顿踏上了他的酒店帝国之旅。

在刚刚开始的阶段，旅馆常常出现因客人过多而无法安排的情况。经过反复摸索和思考后，希尔顿对旅馆进行了有效改造，把餐厅隔成一个个小房间，增加了二十多个床位；又把大厅的一角辟为一个小杂货铺。这种改变给旅馆增加了一笔可观的收入。希尔顿由此悟出了经营旅馆业的第一个原则，即"装箱技巧"，把有限的空间巧妙地加以利用，使旅馆的土地面积和空间产生最大的效益。他后来又称之为"探索黄金"原则，意思是要使旅馆的每一寸地方都产生"金子"。接着，希尔顿又引进了军队中的团队精神，即荣誉感加上奖励，把旅馆经营的好坏和每一名员工联系起来，并直接和经济效益挂钩，从而大大激发了员工的工作热情。团队精神成为希尔顿经营旅馆业的第二个准则。随着第一家旅馆的经营成功，希尔顿又与人合伙买下了华斯堡的梅尔巴旅馆、达拉斯的华尔道夫旅馆。希尔顿的旅馆业开始蒸蒸日上。

1931年，美国经济持续低迷，希尔顿酒店的收益也一落千丈。在希尔顿几近绝望，几乎想要放弃时，他的母亲却以她的家族特有的气质——一种不屈不挠的拓荒精神，缓缓而坚定地说："现在有人跳楼，有人沉沦下去，也有人向上帝祷告。康尼，你千万别泄气，一切都会过去的！"从此，信心和希望又充满了希尔顿的胸膛。当律师私下与他商量，要他宣告破产时，他坚决拒绝了。在随后的两年中，酒店的生意并没有起色，希尔顿到处筹借资金，他的母亲玛莉·希尔顿拿出自己几乎所有的家当资助他。最终在几经波折后，希尔顿借到5.5万美元。他孤注一掷，投资石油。他清楚，如果成功，数字将翻番；如果失败，将再次一无所有。希尔顿在借据上签了字。上帝没有辜负他，在往后的3年中，正是这个油矿使他付清了所有的欠款。希尔顿凭借自己的胆识和魄力，勇往直前，绝处逢生。1954年10月，希尔顿再接再厉，用1.1亿美元的巨资买下了有"世界旅馆皇帝"美称的"斯塔特拉旅馆系列"。这是一个拥有10家一流饭店的连锁旅馆。希尔顿成功地做成的这笔交易，是旅馆业历史上最大的一次兼并，也是当时世界上耗资最大的一宗不动产买卖。

希尔顿实现了他独霸旅馆业的美梦，成了名副其实的美国旅馆业大王后，希尔顿的目光越过美国，放眼世界旅馆业，成立了希尔顿国际饭店公司，将他的旅馆王国扩展到世界各地，在伊斯坦布尔、马德里、波多黎各、哈瓦那、柏林、蒙特利尔、开罗、伦敦、东京、罗马、雅典、曼谷、北京、上海等各大都市都有。希尔顿的事业跃上了新的高峰，他成了名副其实的世界旅馆之王。

家教感悟

学校教育和家庭教育同样重要。在希尔顿的成长历程中，他的学徒生涯对他后来事业的成功起了巨大的帮助作用。家庭的爱与温暖给了他与人为善的良好品质，又在他事业的低谷时期给了他极大的慰藉与鼓励，让他能够重新振作，走向事业的顶峰。

你早该知道的孩子成才秘密
（外国卷）

给予孩子个性释放的空间
——邓肯的家教

◎ **家庭类型**
　　平民百姓家庭

◎ **教育方式**
　　赏识教育型

◎ **名人档案**
　　伊莎多拉·邓肯（1877—1927）　美国女舞蹈家，现代舞的创始人。受古希腊艺术影响，创立了一种动作自然、形式自由的舞蹈形式。曾去南美以及法国、德国演出。1921年应邀赴苏联，曾在莫斯科设立舞蹈学校。1924年回国。主要作品有据《马赛曲》、贝多芬的《第七交响曲》、门德尔松的《春》和柴可夫斯基的《斯拉夫进行曲》等创作的舞蹈。著有《论舞蹈艺术》和自传《我的生平》。

◎ **名人名言**
　　只有唤起人类追求美的愿望，她才能获得美的本身。

——邓肯

家教故事

相信每一个家长都希望自己的孩子将来是独一无二、与众不同、出类拔萃的。然而，许多家长教育孩子的方法是否符合这样的初衷呢？

试想，当你的孩子说出在你看来幼稚可笑、违背常理的想法时，你是认真倾听、鼓励他去探寻，还是急不可耐地去纠正他的观点？当你的孩子做出世人看来"不正常""离经叛道"的行为举止时，你是接受他的不一样、给予他表现自我的空间，还是用现实的规矩予以压制？恐怕，很多家长选择的是后者。然而，事实上，将来的天才或许就孕育在这些被人视为"不可接受"的现实中。可见，对孩子的那些"不一样"的个性，父母应该谨慎对待，不能盲目地去压制。

20世纪初，芭蕾舞统治着欧美的舞坛，邓肯提倡的动作自然、形式自由的舞蹈形式并不被当时的舞蹈家所认可。她之所以能够坚持自己的舞蹈理念，坚持自己的艺术个性，跟她母亲的教育不无关系。

邓肯一直很感谢母亲从小就给予她的无拘无束的生活，给予她展现自我的空间。她在自传中写下这样一段话："一个人一生的事业应该从小时候做起。真不知道有多少父母能认识到他们给予孩子的所谓'教育'，恰恰使孩子变得平庸，剥夺了他们展现和创造美的机会。"

每一个来到世上的孩子都极具个性，然而，在用现实的规矩打造的模子里成长的孩子，就算是禀赋很高，也将会消失殆尽。由于父母离异，跟着母亲长大的邓肯，从小生活在贫困中。然而，邓肯母亲的可贵之处，就在于她给予了邓肯释放自我个性的空间，给予了她展现和创造美的机会。

在邓肯很小的时候，邓肯母亲就注重孩子个性的表达。一次圣诞节，老师给孩子们分发糖果、蛋糕时说："孩子们，看圣诞老人给我们带来了什么？"结果小邓肯站起来严肃地对老师说："我不相信你说的话，从来就没有

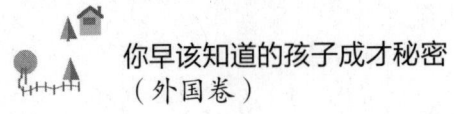

什么圣诞老人。"老师很是生气，说："糖果只发给相信圣诞老人的孩子。"小邓肯依然坚定地说："那我不要你的糖果。"老师听了更加生气，命令邓肯走到前面坐在地板上，以示惩罚。小邓肯走到前面，却转身面对全班同学发表了有生以来的第一次精彩演讲。她高声喊道："我不相信谎话！"

因为说了真话而受到惩罚，邓肯非常不解。回到家后，她把这件事告诉母亲，问妈妈："我说错了吗？世界上有没有圣诞老人？"母亲听后回答说："没有圣诞老人，只有你自己的精神才能帮助你。"

对邓肯来说，白天在学校受到的教育意义并不大，"真正意义上的"教育是在晚上进行的。邓肯的母亲是一位音乐教师，每当她坐在钢琴前，弹奏肖邦、贝多芬、舒曼等大师的作品时，小邓肯就会随着乐曲翩翩起舞。一次，在一位年长女士的建议下，邓肯母亲将小邓肯送到旧金山一个著名芭蕾舞老师那里学习。但是舞蹈老师的课并没有让邓肯觉得愉快。老师让邓肯用脚趾站立起来，邓肯问老师："为什么要这样？"老师回答说："因为这很美。"然而，邓肯却觉得这是不自然的。上了三次课后，她就离开了那个舞蹈班。邓肯告诉母亲，老师教的舞蹈在她看来是没有生气的柔软体操，和自己理想中的舞蹈完全不同。母亲听后，不仅没有责备女儿，反而说道："如果你认为自己的舞蹈才可以真正表现自己，那么就勇敢地去跳自己的舞蹈吧。女儿，自由地表现艺术的真理，也是生活的真理。"

邓肯曾说："当我还是小女孩的时候，我的艺术之神就在我的身体里了。全靠我母亲的英勇与冒险精神，它才没有被压制。"邓肯是幸运的，因为母亲对她个性的理解与宽容，她那颗艺术的种子才能够生根发芽，茁壮成长。

在追寻自己舞蹈之梦的路途中，邓肯从美国的旧金山辗转到芝加哥，再从纽约横渡大洋到欧洲。这一路并非一帆风顺，她和母亲经常处于捉襟见肘的困境中。然而，无论境况如何艰难，母亲都一直陪着邓肯。母亲是邓肯在艺术追求上忠实的支持者。

你早该知道的孩子成才秘密
（外国卷）

家教感悟

罗曼·罗兰说："每个人都有他的隐藏的精华，和任何别人的精华不同，它使人具有自己的气味。"每一个孩子都是上天派来的天使。如果剪掉了个性之翼，他又怎能飞起来呢？一个成功人士，或许有多方面的建树，但是最引人注目的往往还是他那极具特色的个性呈现。在鼓励孩子表现自我，给予孩子个性释放的空间方面，父母们有很多事情可做。最简单的莫过于做孩子的"倾听者"，而非"纠错者"。

当孩子的想法、行为与现实的常规相违背时，家长们不要急着去纠正孩子，不要用成人的眼光去认识孩子的行为。应试着从孩子的角度去理解，给予孩子更多展示自我的空间，让孩子的个性、天赋免受摧残。

善于发掘孩子的潜力
——阿尔伯特·爱因斯坦的家教

◎ **家庭类型**

　　商人家庭

◎ **教育方式**

　　发掘引导型

◎ **名人档案**

　　阿尔伯特·爱因斯坦（1879—1955）　物理学家。生于德国。1900年毕业于苏黎世联邦工业大学，并入瑞士籍。苏黎世大学哲学博士。曾在多所大学任教授。1933年因受纳粹政权迫害，移居美国，任普林斯顿高级研究所教授，从事理论物理研究。1940年入美国籍。在物理学多个领域均有重大贡献。其中最重要的是建立了狭义相对论（1905年）；并在此基础上推广为广义相对论（1916年）。获得1921年诺贝尔物理学奖。其文稿、著述集为《爱因斯坦全集》。

◎ **名人名言**

　　成功=艰苦的劳动+正确的方法+少说空话。

　　　　　　　　　　　　——阿尔伯特·爱因斯坦

家教故事

爱因斯坦出生在德国西南部古老的小城乌尔姆一个经营化学药品的犹太商人家里。已经三岁的爱因斯坦不像其他孩子那样天真活泼,爱说爱笑。他喜欢一个人默默地坐在客厅的角落里搭积木,一玩就是老半天,然后忘情地欣赏自己的杰作。他总爱静静地歪着脑袋认真地倾听从母亲的指间流淌出来的优美动人的旋律。母亲看着他那聚精会神的憨样,开心地笑了,说道:"瞧你一本正经的模样,简直就像一个教授!嗨,我的小宝贝,你为什么不说话呀?"他动了动嘴唇,没有回答母亲的问话,但那对亮晶晶的眼睛却不停地眨动着,发出快乐的光芒。在常人眼里,小爱因斯坦并不是一个聪明的孩子。这一方面是因为他不大会说,另一方面则因为他总是提出一些稀奇古怪的问题,让人觉得有些低能、傻气,甚至怀疑他的智商是否有问题。

但是,爱因斯坦的父母亲并没有因此就对儿子失去信心,相反,通过对儿子的认真观察,他们深信爱因斯坦具有聪明才智。他们认为,儿子有可贵的好奇心,对大自然有浓厚的兴趣,并喜欢独自动脑筋思考问题,乐意一个人动手做实验。

为了进一步激发儿子的好奇心,父母给爱因斯坦买来玩具。他们觉得,玩具是引起孩子好奇心的最理想的东西。他们千方百计地满足儿子求知的欲望,鼓励他去探索神奇的奥秘和追求光辉的真理。有时候,父母亲看见儿子托着下巴认真地想问题,便启发他:"阿尔伯特,你想过没有,雨为什么会从天上掉下来,月亮为什么不会从天上掉下来?"

爱因斯坦四五岁的时候,一天,爸爸送给他一件小玩具——罗盘。对新鲜事物充满好奇的小爱因斯坦为此心花怒放,立刻爱不释手地摆弄起来。罗盘中间有一根指北针,尖端一头涂着红色,颤巍巍地抖动着,总是顽固而坚定不移地指向北方。爱因斯坦小心翼翼地转动盘子,想改变指针的方向,但无论他怎样转来转去那根针就是不听指挥，红色的那端依然坚定地指向北方。小爱因斯坦急了，猛地一转身子，从朝北转向朝南，心想："这回指北针总该跟着我走了吧！"但是定睛一瞧，他不由大吃一惊：红色的一端依旧指着北方！"太奇怪了……"爱因斯坦不知所措地喃喃着，"这到底是为什么呢？"他想去向父亲询问，可灵机一动，马上自己做出了解答："对，这根针的旁边一定有什么东西在推着它，所以它能永远保持一个方向。"于是他翻来覆去地研究罗盘，想在指针周围找出那神秘的东西。但令他大失所望的是，他什么也没找到。这个童年之谜就此深深印在他的记忆中，挥之不去。也许，爱因斯坦日后对电磁场的深入研究，其灵感就是源于童年时代那谜一样的小玩具——罗盘。

为了给儿子的生活带来乐趣，在爱因斯坦六岁那年，母亲开始教他拉小提琴。起初，他拉的是一把玩具小提琴。他七岁生日那天，母亲送给他一把真正的小提琴。爱因斯坦迷上了音乐，他开始认真学习小提琴。十四岁时，他登台进行了表演。由于母亲的教育，小提琴成了爱因斯坦漫长生活旅程中不可缺少的伙伴。以后，每当工作累了的时候，他便拉起小提琴。小提琴奏出的优美旋律将他带入了一个美妙的境界，使他内心保持着和谐与平静。

十岁那年，小爱因斯坦告别了小学生活，成了一名中学生。此时的德国军国主义思想如洪水猛兽般到处泛滥，在学校里也不例外。那些老师像军人一样将希腊文、拉丁文一个劲儿地往学生头脑里塞，而学生的职责就是背。对这种学习方式，爱因斯坦烦透了，有意无意间将自己的兴趣转移到了数学上，数学成了他中学时代最大的业余爱好。

爱因斯坦在数学方面成绩非常好，而其他学科引不起他的兴趣，成绩就很差。不少老师对他这种学习态度都很看不惯，并多次责备他。一次，父亲问学校里的教导主任，自己的儿子将来可以从事什么职业。这位老师竟直言不讳地说道："做什么都没有关系，你的儿子将是一事无成。"这位老师对爱因斯坦的成见非常深，认为他是一块朽木，已再无雕琢的价值，竟勒令他退学。但是，爱因斯坦的父母却充分理解孩子。他们认为，不能勉强孩子只用一种方法去学习，那样会束缚孩子的思想。为了消除儿子的忧虑，每逢爱因斯坦被老师批评或被其他同学歧视时,母亲便教他拉小提琴。

　　爱因斯坦没有辜负父母的期望,以惊人的毅力,争分夺秒地学习着、探索着。终于在他二十六岁时,发表了著名论文《论动体的电动力学》,建立了狭义相对论。

　　弗洛伊德曾说:"人人身上都蕴藏着无限大的潜能。"没有一个孩子天生是笨蛋。每个孩子都具备成才的潜质和自己独特的优势,关键在于孩子能否激发出这些潜在的"资源"。家长在教子中要注意发现孩子的潜力和优势,然后把它放大开来。这就是孩子未来成才的"潜能"。

你早该知道的孩子成才秘密
（外国卷）

自然教育，玩出天才
——斯特娜夫人的家教

◎ **家庭类型**
　　知识分子家庭

◎ **教育方式**
　　游戏启发型

◎ **名人档案**
　　威尼弗里德·斯特娜（1870—1931）　美国宾夕法尼亚州匹兹堡大学语言学教授。她详细记录了女儿维尼夫雷特的成长过程，在母亲对于孩子教育的重要性、如何培养孩子、亲子互动的要点等教育问题上，有着深刻的见解。对儿童的早期教育，斯特娜夫人可谓开辟了一条理性、科学之路。

◎ **子孙档案**
　　维尼夫雷特　威尼弗里德·斯特娜之女。三岁写作诗歌与散文，四岁用世界语写剧本，五岁能够运用八国语言，九岁分别通过了美国斯坦福大学和威斯康星大学的入学考试，十岁就能够熟练运用十三种不同语言进行无障碍交流。

◎ **名人名言**
　　早教得当，每个孩子都能成为天才。
　　　　　　　　　　　　　　　　——斯特娜夫人

家教故事

很多父母都会觉得，此生最杰出、最美好的成就，就是创造、培养一个健康优秀的孩子，让自己的生命与精神在孩子的身上延续。因此，他们都将很大的希望寄予孩子，但有时会不自觉地给孩子施加过大的压力，导致事与愿违。所以，父母对教育方法的选择成为教育子女的关键。

威尼弗里德·斯特娜（以下称斯特娜夫人）在阅读卡尔·威特的教育理论后受到启发，形成了独特的"自然教育理论"，在20世纪初创造了一个"教育神话"：在她的教导下，女儿维尼夫雷特成为当之无愧的"天才少女"，曾经轰动一时，斯特娜夫人的教育理论也被奉为圭臬。在她的教育方案里，最重要的就是重视早期教育，用快乐游戏让孩子掌握知识和人生道理。

斯特娜夫人的早期教育，是从在游戏中训练感官能力开始的。她在孩子很小的时候便用音乐、图片训练孩子的五官。她每天给女儿听古今名曲，与她分享自己聆听音乐后的感受，斯特娜夫人并不要求孩子必须说出个所以然来，只是重视享受音乐、训练听力与感悟力的过程，这也是维尼夫雷特从小喜爱音乐的原因。为了训练孩子的视觉能力和观察能力，她经常陪女儿玩报纸上《找不同》的游戏，母女两人展开竞赛，找得多的人便是赢家。斯特娜夫人也会主动画画，将母女两人的谈话内容，或是一些简单的知识，画成图片给女儿看，并鼓励女儿将自己的感受和领悟也同样画出来交流。小孩子的读图能力和想象力要比识字读书的能力更强，所以用这种方式教孩子知识，往往能够事半功倍。

斯特娜夫人认为："对孩子进行头脑训练越早越好，而这种训练必须以游戏形式来进行。"因此，斯特娜夫人还自己创造了许多小游戏。比如为培养孩子的观察力和记忆力，她发明了"留神看"游戏。每当路过商店门口时，她就问女儿这个商店陈列橱窗内有什么物品，让女儿将所有物品的名字和摆放位置都记住。离开这家店后,两个人便开始一人一件物品地回忆,直到把所有物品都说出来为止。再比如"放大缩小"游戏,就是在教女儿初步认识地理时发明的,斯特娜夫人先带着女儿认识地图、地球仪,告诉她哪里是海洋哪里是陆地,然后带着地球仪来到海边,告诉女儿这一片水域就是地球仪上的那一片蓝色,大西洋就在脚下,而彼岸就是欧洲。女儿自然觉得十分惊喜,对地理的喜爱程度也进一步加深。

斯特娜夫人认为,世界上最好的老师就是大自然,它拥有各种各样的知识。所以她和女儿的游戏经常在大自然中进行。拉着女儿的手来到郊外,斯特娜夫人信手指着一种植物或指着一只飞鸟,就开始了自然科学教育。她利用实物对女儿教学,让女儿能够碰触到各种各样的东西,学习更加客观和立体。有时她们路过一片田地,斯特娜夫人就指着里面不同的蔬菜对女儿说:"你看,这就是我们吃沙拉时你最喜欢的菜。"见女儿记住了菜的样子和名字,她便在做沙拉时将女儿叫到厨房,把完整的菜拿给她看,再利用厨具将菜"解剖",让女儿更深入科学地了解其结构。

就这样,通过各种各样的游戏,维尼夫雷特学习到了各种各样的知识:神话故事书让她开始接触天文学,并通过天文望远镜见识到了神秘的宇宙;积木游戏是建筑学的开端,设计自己的"大楼"并让它美观结实,有益于训练理工思维与艺术思维;养鱼并为它们喂食、换水,不但培养了责任心,也培养了对生物学的兴趣;欣赏名画,将抽象画里可能隐藏的图像一个一个说出来,并据此写出自己的故事,培养了文学创作的能力……

斯特娜夫人的教育看似简单,却有着深厚的积淀:她不但阅读了大量的教育学书籍,科学客观地了解了早期教育,还付出了很多精力与时间,在寓教于乐的过程中,不断为回应女儿问"下一个游戏玩儿什么"而想破头。斯特娜夫人是语言学专家,却为教育女儿而广泛学习了天文、地理、数学、物理等其他方面的知识。单在这一点上的付出,就体现了一个母亲的毅力与伟大。这也印证了斯特娜夫人的一个观点:"母亲在教育中承担着神圣的责任。"

家庭应成为孩子的乐园与学校。在教育中享受到快乐,在游戏中学习到知识,是孩子所能拥有的最好的早期教育。父母们应当更多地陪伴在孩子身边,关注孩子的教育与成长,而非仅仅将教育之责交给教师。

中国的教育体制下,学习是一件辛苦的工作。从孩子进入学校开始,学习的知识便与压力一同增长。很多家长希望孩子能够"赢在起跑线上",给他们报名参加早教班或是各种补习班,让孩子的学习时间变得更长,压力更大。殊不知,学习也可以很有趣、很轻松。父母们可以通过快乐的游戏启发孩子,让他们爱上学习。

你早该知道的孩子成才秘密
（外国卷）

有志者事竟成
——海伦·凯勒的家教

◎ **家庭类型**
　　政要家庭
◎ **教育方式**
　　启发引导型
◎ **名人档案**
　　海伦·凯勒（1880—1968）　美国盲聋哑女作家和残障教育家。她出生19个月就因病失去了视觉、听觉和说话能力。海伦·凯勒在她的启蒙老师美国著名的残障教育家安妮·莎莉文（1866—1936）的教育和帮助下，不仅学会了读书、写作和说话，并且以惊人的毅力完成了在哈佛大学四年的学业，成为人类历史上第一位获得文学学士学位的盲聋人。
　　海伦·凯勒一生勤于写作，共创作了14部文学作品，被视为20世纪最富感召力的作家之一。她一生为改善盲聋人的工作和生活条件四处奔走，为美国盲人基金会和美国海外盲人基金会广筹善款，创立慈善机构，积极为残疾人造福。
◎ **名人名言**
　　只要朝着阳光，便不会看见阴影。
　　　　　　　　　　　　　　　　　　——海伦·凯勒

家教故事

　　海伦·凯勒出生在美国的塔斯比亚城。她天生聪明伶俐，出生不到六个月，便能清楚地说出"tea（茶）"、"water（水）"等几个单词，对周围事物的感受性更是敏锐。然而，在她出生后十九个月时因病失去了视力和听力，成为一个失明者和失聪者。然而，她仍然努力保持着与外界的联系，用自己的手语和家庭成员交流。但是，随着年龄的增长，这样的交流不再能满足她。她的脾气开始变得暴躁。全家人对她的状况都很担忧。为了孩子的教育，父母请来了一位专业的老师教海伦·凯勒。这位老师就是对海伦·凯勒一生有着非常重要的影响乃至使她改变命运的安妮·莎莉文老师。

　　起初，由于海伦对外部世界情感上的对抗，莎莉文老师试图和海伦交流的努力很难奏效。莎莉文老师到达的第一天晚上，给了海伦一个玩具娃娃。当海伦用一只手触摸到玩具娃娃时，莎莉文老师用她的手指在海伦的另一只手上慢慢地写下了"doll（娃娃）"。海伦感觉到老师写的字，显得很惊奇。然后，她照老师的样子在自己的手上写下字母。她学得很快，但她极易发怒，因为自出生以来的几年里没有人教她自我约束。她学着学着就不学了，抓起玩具娃娃，摔到了地上。

　　虽然此类情况频频出现，但莎莉文老师却显得十分有耐心。莎莉文首先了解了海伦·凯勒的脾气，终于知道海伦的脾气会如此暴躁，是因为父母不忍看她做错事（打人、不守规矩、破坏东西等）被惩罚的模样，便在她做错事时都给她糖吃。莎莉文老师立即与海伦的父母进行了沟通，纠正了他们这些错误的教育行为。莎莉文老师认为，"我必须解决的问题，是既要规范和控制她的行为，又不能伤害她的心灵。我起初只能非常缓慢地、一点一点地进行，并试图赢得她的爱。"

　　为了对海伦实施更为有效的教育，莎莉文老师将海伦带到花园里的一个小木屋里，两人单独生活在一起。海伦离开她的家人的第一天，差不多整天都在踢打和号叫。到了晚上，莎莉文老师让她睡觉，她也不听。第二天早上，海伦非但没吵闹，还很安静。两周后，她变成了一个温顺的孩子。她愿意学习了。莎莉文老师和海伦整天在一起，把她触摸到的任何东西的名字都写在她手上。一天，老师在海伦·凯勒的手心写了"water"这个单词，海伦·凯勒总是分不清"杯"和"水"。到后来，她不耐烦了，把老师给她的新洋娃娃摔坏了。但莎莉文老师并没有放弃。她让海伦把小手放在水管口下，让清凉的水滴滴在海伦手上。接着，莎莉文老师又在海伦的手心，把"water"这个单词写了几次，从此海伦就牢牢记住了，再也没有弄混了。海伦后来回忆说："不知怎的，语言的秘密突然被揭开了，我终于知道水就是流过我手心的一种液体。"这一天，她学会了"father""mother""sister""teacher"等三十个单词，比以前五个星期学的还多。"水"唤醒了海伦的灵魂，给了她光明、希望、快乐和自由。之后，海伦很快学会了更多的单词。

不过，莎莉文老师认为，光是会认字而说不出话来，仍然不方便沟通。可是从小就失明又失聪的海伦，既听不见别人说话的声音，也看不见别人说话的嘴型，所以尽管她可以发声，但也没办法说话。为了克服这个困难，莎莉文老师替海伦找了萨勒老师教她利用双手感受别人说话时嘴型的变化，尽管非常艰难，好学的海伦还是做到了。莎莉文老师还教会了海伦读书、书写，甚至使用打字机。但她教会海伦最重要的是怎样思考问题。

莎莉文老师陪伴海伦走过了五十年。她用自己的关怀和爱心排除了海伦学习道路上的一个又一个障碍，成为海伦的指路明灯。莎莉文老师用耐心和爱感染了海伦，使她对人生的态度变得积极向上、勤奋好学，顺利完成了哈佛大学拉德克利夫女子学院的学业。她笔耕不辍，成为20世纪最富感召力的作家之一。虽身有残障，但海伦·凯勒用坚韧不拔的意志告诉了我们什么是身残志坚、有志者事竟成。

家教感悟

在面对人生的挫折和困难时，孩子需要外界的帮助。作为孩子的启蒙老师，父母对挫折的态度会直接影响孩子。所以父母本身应以身作则，遇到难事不退缩、不畏惧，直面困难并想办法克服。海伦·凯勒的父母面对十九个月就因病失去视觉、听觉和说话能力的孩子，并没有放弃希望，为海伦请来了使她受益一生的莎莉文老师。在莎莉文老师孜孜不倦的耐心启发引导下，海伦打开了心灵之窗，重拾生活的勇气和信心，不懈追求，最终创造了生命的奇迹将不可能变成了现实。

你早该知道的孩子成才秘密
（外国卷）

满足孩子的合理要求
——罗斯福的家教

◎ **家庭类型**
　　商人家庭
◎ **教育方式**
　　尊重引导型
◎ **名人档案**
　　富兰克林·德兰诺·罗斯福（1882—1945）　曾任美国总统（1933年—1945年）。民主党人。就学于哥伦比亚大学法学院，历任海军部助理部长、纽约州州长。总统任内推行新政对付经济危机，颇有成效。1941年与英国首相丘吉尔一起提出《大西洋宪章》。太平洋战争爆发后，美国参加反法西斯同盟。1944年第四次当选总统。
◎ **子孙档案**
　　詹姆斯·罗斯福　富兰克林·德兰诺·罗斯福的长子。美国政治家。
　　艾略特·罗斯福　富兰克林·德兰诺·罗斯福的第三子。飞行界的著名专家。
　　小富兰克林·德拉诺·罗斯福　富兰克林·德兰诺·罗斯福的第四子。律师、政治家。
　　约翰·阿斯平沃尔·罗斯福　富兰克林·德兰诺·罗斯福的第五子。商人。

◎ 名人名言

　　生长与变化是一切生命的法则。昨日的答案不适用于今日的问题——正如今天的方法不能解决明天的需求。

——罗斯福

　　罗斯福出生于美国纽约州哈得孙河谷的名门望族。他童年时代的大部分时间都是在海德公园的豪宅中幸福地度过的。罗斯福的父亲比母亲萨拉·德拉诺大二十六岁，由于父亲老来得子，加上哥哥已经成人离家在外，罗斯福的降生给这个本来就很温馨的家庭增加了无比的欢乐。幼小的罗斯福自然成为全家关注的中心。在整个童年时代，罗斯福在生活上受到了父母饱含爱意而又严格的教导。特别是母亲，对他进行了严格的管束。

　　对于罗斯福的母亲，后人对其的印象可能是"令人畏惧的""盛气凌人的"。这主要是由于她对罗斯福的一生产生了重要的影响。即使是罗斯福结婚以后，她仍然试图管理儿子的新家，并为罗斯福出谋划策。萨拉·德拉诺确实是一位严格的母亲，但这主要是出于对儿子的爱，因为罗斯福是她的唯一。然而，尽管萨拉对儿子的生活试图严加管理，但是她仍然会满足孩子的合理要求。正如她在日记中写到的："我们从不仅仅是为了严厉而严厉。"

　　萨拉在罗斯福出生后不久就开始记日志，二十年从未停止。儿子的一言一行、一举一动都被她详细记录下来。为了使儿子获得好的教育，父母在罗斯福七岁时，为他请了家庭教师，教他德语和法语。为此，萨拉为幼小的罗斯福安排了很严格的作息时间表：七点起床，八点吃饭；跟家庭教师学习两三个小时，休息；下午一点吃饭，午饭后又学习到四点，休息（自由活动）。除了教孩子学语言外，萨拉还为小罗斯福安排了钢琴、绘画等。但是罗斯福对这些却没有兴趣。于是，这个表面乖巧听话的孩子开始对不喜欢的课巧妙地抵制。他开始找各种理由逃课。尤其是每逢周日去教堂做礼拜的时候，他总是借自己头痛来逃避，以致后来这种"头痛"都形成规律了，母亲将此诊断为"礼拜天头痛症"。

慢慢地，幼小的罗斯福开始对母亲严格的作息制度表示不满。一次，他向母亲提出抗议，并要求母亲给他"自由"。萨拉经过认真考虑后，同意了儿子的要求，允许给他一天"自由"时间。到了晚上，六岁的小罗斯福才一脸疲惫、满身尘土地回到家。至于这一天儿子都去干了什么，萨拉并没有过问。

对孩子严格并不等于束缚孩子。给孩子充足的自由活动时间，让他尽情地享受童年的欢乐，对于孩子的个性发展、良好品格的形成都是极有好处的。罗斯福的母亲意识到了这一点。既然孩子需要"自由"，不妨带他出去走走。为此，在罗斯福的童年时代，父母总是带他到处旅行。十四岁以前，罗斯福就跟随父母和家庭教师去过欧洲九次，他对伦敦、利物浦、巴黎、柏林和莱茵河都十分熟悉。这种旅行增长了罗斯福的见识，也让从小生活在蜜罐里的罗斯福有机会看到生活在贫困中的人们，这对于他后期的职业生涯是很有帮助的。

由于小罗斯福痴迷航海，父亲詹姆斯还经常带他乘船航行。在浩渺的海面上，罗斯福很快掌握了驾船的技巧。由于对航海的喜欢，罗斯福还养成了收集船舶模型、测航仪器、海图、邮票等方面的爱好。这些都打开了小罗斯福的眼界，让他记住了陌生国家的地理位置、风土人情等。

罗斯福的父母虽然对他有着严格要求，尤其是在学习上，但是他们也十分尊重孩子，对孩子的合理要求给予满足。而这些也让罗斯福收获了更多在书本上学不到的东西。

家教感悟

在父母眼中，孩子似乎永远是不懂事的。正是有着这种考虑，家长们往往将自己认为应该学的东西统统灌输给孩子，将自己认为对孩子好的事儿统统让孩子做。而这样的后果，往往却适得其反，不但不能让孩子学到东西，还会使孩子开始惧怕学习、惧怕父母。

当家长在为孩子安排一切时，不妨停下来，问一下孩子是否喜欢。了解孩子的内心想法，并像萨拉·德拉诺一样，满足孩子的合理要求。

当孩子提出一些合理的要求时，家长应尽量地满足。童年是每一个人的人生中最无忧无虑的时光。家长们在培养孩子的同时不要忘了：给孩子充足的自由时间，让孩子在无拘无束中快乐地享受一下。

在孩子的成长过程中，严格的家庭教育是必不可少的，尤其是对生活在优裕环境中的孩子。正如黑格尔的父母对他的学习严格要求，使他养成了良好的学习习惯并受益一生一样。然而，孩子都具有爱玩的天性，也都有自己的喜好，如果所有事情都是由父母安排好，并在父母的严格监管下进行，必定会激起孩子的逆反心理。因此，父母应当学会尊重孩子，满足孩子的合理要求并加以引导。

你早该知道的孩子成才秘密
（外国卷）

给自己一个梦想
——迪士尼的家教

◎ **家庭类型**
　　平民百姓家庭
◎ **教育方式**
　　赏识教育型
◎ **名人档案**
　　华特·迪士尼（1901—1966）　美国动画片导演、制片人。曾作为红十字会人员去法国参加第一次世界大战。20世纪20年代开始拍摄动画片，并建立制片公司。摄制动画片数百部，创造了米老鼠、唐老鸭等著名的拟人化动物形象。作品想象力丰富，动画造型和音乐结合完美。晚年建立电视网和迪士尼乐园等。代表作有《威利号汽船》《三只小猪》《白雪公主》《木偶奇遇记》《幻想曲》《爱丽丝漫游奇境记》等影片。曾获三十余项奥斯卡奖。
◎ **名人名言**
　　快乐是一种心态，它取决于你看待事物的方式。
　　　　　　　　　　　　　　　　　　　　——迪士尼

你早该知道的孩子成才秘密
（外国卷）

华特·迪士尼是一个追梦者。他个人的经历充满了坎坷，事业也几经波折，甚至曾经面临破产，但他却从没有动摇过。在几乎没钱吃饭的时候依旧满脑子都是创作的事，以至于发现家中有老鼠时，他的第一反应不是赶走它，而是灵光乍现地画出了米老鼠这个形象，并以此为主人公创作了一个故事，由此开创了迪士尼的百年辉煌。

华特·迪士尼的家族发迹于美国西部。他们面对着广阔无垠的红色土地，听着西部牛仔和拓荒者的故事。他们有着西部人的特点：直爽勇敢，精力充沛，有着与生俱来的自由奔放和冒险精神。他们一直不断地搬家，寻找适合自己的土地，华特·迪士尼的父亲伊莱斯·迪士尼结婚后，带着家人来到了密苏里州的马瑟林，这个有着独特美国风情的小镇成了华特最快乐的童年的记忆。

在这里，父亲经营了一个小农场。他是个热情而有野心的人，热爱自己的事业，一心想用劳动开创美好的未来。在他的要求下，华特的哥哥姐姐们都承担了一份家务活，一下课就要忙着帮助父母打理家中的事。华特还是个小孩，只是偶尔帮哥哥姐姐做些小事，其余时间可以自由自在地玩耍，享受大自然赋予人类的一切美好事物。小华特在农场中生活、成长，初步认识到自然界。对华特·迪士尼来说，童年的农场是他永远的创作源泉。在之后的迪士尼作品中，自然界一直是恒久不变的重要主题，每个动物都被赋予了人的性格。

小华特就是在这里开始绘画的。母亲每日忙着农场里的事，没时间照看年幼的孩子，除了定期教他识字以外再无力负担对他的更多的教育，只给他一本绘画书，叫他自己画画打发时间。华特喜欢天马行空地绘画，用手里的画笔勾勒出稚嫩的线条，可惜他的作品并未得到父母的重视。

这时有人给了小华特重要的肯定，让他萌生出"做一个画家"的念头。

这个念头在漫长的成长期中生根发芽，最终成了华特毕生的追求。这个关键性的人物是当地一位名叫舍伍德的医生。舍伍德很喜欢活泼开朗的华特，也支持他、鼓励他画画。华特回忆，有一次画画，他叫舍伍德医生牵着马站在院子里当模特，却因为缺乏技巧和经验怎么都画不好，修修改改地画了一天，舍伍德医生也真的陪着他站了一天。最后看着那张一点也不像的人物肖像，华特自己都非常不好意思，而舍伍德医生却夸奖他画得很不错，还用二十五美分买下了这张画。许多年以后，华特在一篇文章中写道："对于一个孩子来说，成年人的鼓励是激动人心的，这可以帮助孩子确定目标，增强信心，激励他们矢志不渝地向着目标奋进，而这正是成功的关键。"

就在华特树立起梦想不久后，家族中一位婶母来访，看到小华特的画之后非常惊讶，夸奖了他，并送给他新的彩色画笔和绘画本。华特非常珍惜这份礼物。这位婶母离开后还曾写信给华特，问他有没有继续画画。

为了家庭，华特的学业一直断断续续的。对他来说，最专业的美术指导是搬家到堪纳斯后在当地上的艺术学校周六儿童美术班。华特每天早上四点就要起床送报纸，暑假期间带着贩卖箱在车站售卖零食和报纸，就这样坎坎坷坷地度过了少年时代。这期间，华特从没放弃自己的绘画梦想。他的画已经达到了在杂志上发表的水平，并以此获得了稿费。

后来华特做过工人、警卫、邮递员，进入红十字会成为志愿者，几年间不断辗转于各种职业，努力赚钱支持家庭。但其间他没有放弃自己的梦想，在艺术学院夜校继续自己的美术学习，并获得了长足的进步，作品完美到了让老师都惊叹的地步。而华特的父亲却一心希望他能回来帮着自己经营家里的果冻厂。离开红十字会后，华特决心放手一搏，与哥哥罗伊一起成立了迪士尼公司，开始创作自己的动画作品，最终创造了梦幻迪士尼王国。

你早该知道的孩子成才秘密（外国卷）

华特是不幸的，因为他的父母无视他的兴趣。但华特又是幸运的。因为他遇到了欣赏他、支持他的邻居医生和与自己并不太熟悉的婶母。

孩子也许会有许多爱好与梦想，因为在成长期间他们觉得一切都是新鲜有趣的，但他们可能缺乏定力和耐心。家长可以引导、培养他们在某个方面的兴趣，并长期坚持学习。最重要的是家长要及时给予鼓励和陪伴，这是孩子自信的源泉，也是坚持学习的动力。

华特的父母并没有成为他追梦路上的助力，普通的邻居医生和不太熟悉的婶母都能给予华特鼓励，而华特的父母却为什么没有呢？是对孩子没有信心，还是从未重视过他们的内心世界，又或者是为了挣扎求生，而失去了享受生活和欣赏美好的能力？

志当存高远
——林肯的家教

◎ **家庭类型**
　　平民百姓家庭
◎ **教育方式**
　　励志教育型
◎ **名人档案**
　　亚伯拉罕·林肯（1809—1865）　第十六任美国总统（1861—1865）。共和党人。出身寒微。早年执律师业。1847—1849年为联邦众议员。1856年加入共和党，坚决维护联邦统一，主张废除奴隶制度。当选总统后，南方各州相继宣布脱离联邦，挑起南北战争。战争初期，仍设法与"南部同盟"妥协被拒绝。1862年开始采取革命措施，颁布《宅地法》，并发表《解放宣言》草案，得到广泛支持，很快扭转了战局，保证了战争的胜利。
◎ **子孙档案**
　　罗伯特·托德·林肯　亚伯拉罕·林肯的长子。律师、商业管理人员、政治家。曾任陆军部长，三次入选共和党总统候选人提名名单。
◎ **名人名言**
　　我走得很慢，但是我从来不会后退。
　　　　　　　　　　　　　　　　　　——林肯

家教故事

诸葛亮曾告诫自己的外甥:"志当存高远。"即人当树立远大的志向,不断勉励自己。唐代王勃在怀才不遇时,也鼓励自己:"穷且益坚,不坠青云之志。"古往今来,翻开历史名人的事迹,不难发现,那些能干出一番伟大事业的人,从小就有着远大的志向与抱负。家长应该有长远的眼光,从小鼓励,并帮助孩子树立远大的志向。

美国历史上伟大的总统——林肯,颁布《宅地法》,解放黑奴,被马克思称为"全世界的一位英雄"。

林肯出生在美国肯塔基州一个贫穷的农民家庭里。正如他在竞选总统时对一位作家所说的,"想从我的童年生活中搞出什么名堂来是一件十分愚蠢的事。它可以归结为一句话。这句话你可以在格雷的'挽歌'中找到:'穷人的简史'。"

林肯说得对,他的整个童年都是在贫困中度过的。但他的两位母亲从小就告诉他要有出息,并不断地鼓励他学习。可以说,他的成功离不开这两位伟大的母亲。

林肯的父亲托马斯·林肯没有文化,是一位忠厚老实的农民,他的家庭始终处于贫困之中。他的母亲南茜·汉克斯·林肯是一个善良、诚挚的女性。南茜也没什么知识,但她能识得一些字。在林肯五岁时,她决定要让儿子去上学。林肯的父亲托马斯开始时反对。托马斯认为读书对于像他们这样的人家来说是无关紧要的,还不如让孩子在家帮帮忙。但南茜则说:"我们的孩子不能永远做一个大字不识的农民。"南茜希望自己的孩子从小有志向,将来成为一个有出息的人。因此她告诉儿子"能学啥就学啥"。她相信没有任何东西能束缚人的手脚,包括贫穷。只要学到足够的知识,你什么地方都能去,什么都能做。小林肯听从了母亲劝告,只要有书,他就会立马拿来看。从那时候起,林肯就暗下决心将来要有所成就，而不是像父亲一样，一辈子当一个农民。

然而，天有不测风云。在1818年秋季，林肯的母亲南茜因染病离开人世。母亲的死对林肯的打击很大。但一年以后，他幸运地有了一位如同南茜一样善良、深爱他，并鼓励他学习的继母——萨拉·布什·林肯。

萨拉不像南茜那样能识字，但是她为林肯带来了一些书：《圣经》《鲁滨孙漂流记》《伊索寓言》《华盛顿生平》《美国史》等。这些书对于没有钱买书的林肯来说，意义非凡。

萨拉来到林肯家后，他家不远处有一所学校开张。她说服林肯的父亲，一定要林肯去那里上学，至少上到春季播种。除了让林肯上自己能够找到的任何乡村学校，她还提议小林肯把她带来的所有书都读完。在读书的同时，林肯经常与萨拉讨论他在书上读过的内容。因为家里没有钱买纸，萨拉还帮林肯在家里的木板上演算习题，直到她弄到纸或石板。

终其一生，林肯上学的时间也不满一年。尽管时间短，但这些使他拥有了自学的基础，让他能够去继续学习更深奥的东西，并让他能够有能力去靠近自己的远大志向。

林肯出生在贫穷的家庭中，但所幸的是他有两个具有长远眼光、又具有奉献精神的母亲。正如艾达·塔贝尔在林肯的传记中所说的："这两个女人都极为真挚。在他的整个青少年时代，两人先后陪伴在他身边。"这两位母亲不仅让林肯充实地度过了童年，而且她们还鼓励林肯从小树立远大的志向，并力所能及地帮助他去实现梦想。志向是一个人奋斗的方向，它决定了一个人的人生能够走多远。如果你的志向是做一只小燕雀，那你就不可能成为一只翱翔于天际的鸿鹄。林肯的母亲虽然贫穷，但她们懂得这个道理。她们想让小林肯成为那拥有大志的鸿鹄，于是她们付出所有，鼓励儿子去奋斗、去追梦。

对于母亲的馈赠，林肯非常感激，她们是他在这世上最爱的人。他曾说过："我的一切，都源于保护我的母亲。"有人问："你指的是哪一个母亲？"他肯定地回答说："两个。"

如果你想让自己的孩子长大后成为一个有作为的人，那么，帮助孩子从小就树立远大的志向吧。当然，除了引导孩子树立志向，还应该付出实际行动，帮助孩子去实现。

你早该知道的孩子成才秘密
（外国卷）

让爱传承
——特里莎的家教

◎ **家庭类型**
　　商人家庭

◎ **教育方式**
　　以爱施教型

◎ **名人档案**
　　特里莎（1910—1997）　印度慈善工作者。原名阿格尼斯·勃亚金。生于斯科普里（今属马其顿共和国）。阿尔巴尼亚族。1928年赴爱尔兰都柏林加入天主教罗莱特修女会。1931年被派往印度加尔各答。后任玛利亚学校校长。1948年入印度国籍。1950年罗马教廷批准她建立"仁爱传教修女会"。宗旨为救济无依无靠的孤儿、老人及贫病者。因从事慈善活动而获得1979年诺贝尔和平奖。

◎ **名人名言**
　　假如你爱至成伤，你会发现，伤没有了，却有更多的爱。
　　　　　　　　　　　　　　　　　　　　——特里莎

家教故事

特里莎修女出生于今马其顿的京都斯科普里。当时的马其顿被土耳其统治，到处是硝烟与战火。特里莎的父母一直尽心保护着孩子，还经常参加教堂活动。在这战火纷飞的时候，贫穷随时可见，几乎每天都有穷人上门行乞。这时特里莎的父母经常教导孩子，无论什么时候，都不能失去爱和慷慨。对于上门行乞的穷人，特里莎的母亲从不会让他们空手离去，而且在施舍的时候，她总是面带微笑，尽量亲切，生怕伤到他们的自尊——毕竟没有人会喜欢被救济的感觉。母亲还教导特里莎说："你吃东西时，要时刻准备好与没有东西吃的人分享你的食物。"并说"虽然那些人跟我们没有血缘关系，虽然他们穷，但他们仍然是我们的兄弟姐妹"。这是一位多么博爱的母亲啊！特里莎就在母亲的熏陶下保持了本真的善与爱。父母的一切孩子都看在眼里，孩子的模仿能力惊人，陪伴他时间最长的父母是他模仿的第一对象，所以要保持孩子的真善美，就要给孩子做好榜样。

因为特里莎的父亲开了一家药店，有一次她问父亲他那儿有没有治好贫穷的药。父亲很感动地说，如果她能发明这种药，他一定会非常高兴。所以，特里莎的一生都在做一件事，就是治疗贫穷，而她也找到了这种药，那就是爱。一切都会消逝，但爱会留存下来。

特里莎受到父亲的影响很大。父亲告诉她，只要相信自己是对的，就绝不放弃。这使她从小就明白，一个人在追求一个目标时，力量和决心是不可或缺的。在她一生中，从来没有放弃过爱。在特里莎的父亲被毒杀时，特里莎才九岁，财产被合作伙伴吞并，一家人流离失所。家庭遭此重大变故，母亲没有就此放弃对特里莎的教育，她靠自己的双手打理好家人的生活，没有耽误特里莎的教育。他非常注重培养特里莎的耐心和韧性，这使得特里莎在日后面对传教工作的巨大困难时也充满了力量。

在这样的家庭条件下,母亲没有放弃善良和爱。有一天,母亲在街上遇见一位生了重病的女人。但她的家人没有一个愿意帮助她,甚至把她赶了出来,使她无处栖身。特里莎的母亲并不认识这个女人,但看见她这个样子,就深深地怜悯她、同情她。母亲对她说:"那么,请到我家里去吧,让我来照顾你。"说罢,就真的把这个素不相识的女人带回了家。"孩子们,我们有客人来了。"这句听起来平平常常的话,却给了这个女人很大的安慰。这使她感到,自己虽然如此不堪,却还是被尊重的。母亲的言行就这样潜移默化地影响着特里莎。这使她成为修女后,懂得在为穷人服务的时候,尊重是不可或缺的,爱是最重要的。穷人没有钱,没有社会地位,但并不是没有尊严。所以当你为穷人做一点事情的时候,首先应该让他感觉到,你并不是在施舍而是在爱。

家教感悟

　　孩子就是父母的一面镜子,父母一定可以在孩子身上看到自己的影子。孩子易怒,家长是不是暴躁之人?孩子自私,家长是不是从不慷慨对人?反之,父母善良有爱,孩子也一定是位人见人爱的小天使,懂礼貌,会关爱别人,也自然会收获爱。

　　孩子是天使,他们眼中的世界是纯洁的,不理解为什么会有贫穷、疾病、不公平。孩子之所以可爱,就来源于这种纯真。作为家长在看到孩子干"傻事"时,会不会觉得那种傻得可爱触动了心底最柔软的地方,让世界都变得温暖,给自己带来许多的正能量?例如,孩子看到蚂蚁打架,会急忙找妈妈要饭粒、要蛋糕,揉碎了放在它们中间,还会说"别打架了,别打架了,粮食来了,快运粮食吧!"又或者在看到乞丐在乞讨的时候,你明明知道那些乞丐每天按时"上班",可孩子还是眨着天真、纯洁的眼睛对你说:"妈妈,他们没家没饭吃了,好可怜!我不买雪糕了,你把钱给他们吧!"

我们爱孩子,很多时候是不是因为希望能活在孩子那纯净的世界中呢?孩子在成长中,慢慢地知道了什么叫嫉妒,什么叫自私,什么叫嫌弃,什么叫欺骗,什么叫尔虞我诈,原本心中满满的爱就被挤得压缩了。不得不说,爱是快乐的源泉,心中有爱才会看到更多的爱、更多的美。上善若水,大爱无言。如果想让孩子快乐,就教会他们保持自己的爱吧。

家庭对孩子有深远的影响,不仅仅在儿童时期。在成人后,密切接触社会后,我们会发现父母在孩子身上的烙印有多深。所以,想要孩子有爱,那就用爱浇灌他们吧!

"尊重"让玫瑰绽放
——英格丽·褒曼的家教

◎ **家庭类型**

　　平民百姓家庭

◎ **教育方式**

　　尊重支持型

◎ **名人档案**

　　英格丽·褒曼（1915—1983）　瑞典电影、戏剧演员。曾就学于瑞典皇家戏剧学院。一生拍摄五十余部影片和电视剧，演出过十余部舞台剧。其代表作品有《卡萨布兰卡》《煤气灯下》《战地钟声》《真假公主》《秋天奏鸣曲》等。曾三次获奥斯卡最佳女演员奖。

◎ **名人名言**

　　我不会为自己已经做过的事后悔，我只为自己尚未做过某些事而惋惜。

——英格丽·褒曼

家教故事

在中国的家庭教育中，家长往往喜欢掌控孩子的一切。无论是简单的衣食住行还是对生活的理解和认识，家长常常将自己的意愿强加在孩子的身上，并反复告诉孩子"你懂什么""我都是为了你好"。当然，家长的出发点都是好的。不过，在教育过程中，却忽视了家庭教育中最重要的一点，对孩子的尊重。

当一个小女孩每天沉浸在自己的世界中，总是想当别的什么东西：一只鸟，或是一根灯柱子、一个警察、一个邮递员、一个花盆的时候，家长会怎么做？许多家长或许只把这当作孩子的小游戏，有时候会陪着孩子玩一玩，却并不当作一回事。但是，当年幼的英格丽·褒曼对爸爸说"今天我决定当一只小狗，你能给我拴上一条绳子牵着我去散步吗"的时候，她爸爸只是摸摸她的头，说："这可不行，不过我们可以一起去街上走一走。"于是，父女两人一起走在了街上。年幼的英格丽·褒曼沉浸在当一只小狗的世界中。她紧跟在父亲后面跑着，对每个过路人发出犬吠声，每看到一棵树就跑过去跷起一条腿。后来，她在自己的回忆录中写道：我并不认为他真对我的这种表演感到很高兴，但是我很感激父亲对自己的支持。

在发现孩子的表演天赋之后，英格丽·褒曼的父亲十分支持她。发现女儿喜欢乔装打扮，父亲就帮她戴上滑稽的帽子，把一只烟斗放进她的嘴里，并给她戴上眼镜等。当年幼的英格丽·褒曼调皮地穿上父亲的大皮鞋，在屋子里走来走去的时候，她的父亲没有呵斥她、制止她，而是为她拍照。有的家长常常希望孩子能够懂事，但却忽略了孩子的本性需要游戏和快乐，常常不理解孩子的举动。但英格丽的父亲了解她，并对她的天真给予尊重和支持。

对是否要孩子上学这件事情上，英格丽的父亲认为，教育达到了一定水平就是浪费时间，因为人应当作自己喜欢做的事情。当英格丽长到十岁的时

你早该知道的孩子成才秘密
（外国卷）

候，父亲对她说："你为什么还要上学？现在你又会算又会写。眼下你就是在浪费时间。最好你还是直接进歌剧院。你现在正在学唱歌，还练习钢琴，这就是生活，这就是真正的生活。去做一个艺术家，做一个有创造性的、有才能的人。"但英格丽·褒曼却认为自己年纪尚小，应该在学校接受教育。父亲尊重了英格丽的选择，让她继续留在学校接受教育。

父亲尊重英格丽的想法，并对她想要演戏表示支持。英格丽常常回忆起父亲第一次带她去戏院的情景。当看到话剧舞台上的成人们所做的事情，就是自己在家里对着镜子所做的事情；当发现自己平时为了好玩而做的游戏，竟然能够让人借此谋生时，英格丽在场间休息时转向父亲，大声告诉父亲："爸爸，爸爸，这就是我要做的！"

英格丽·褒曼一直认为，正是父亲对自己的尊重和支持，让自己最终成为一个演员，并凭借《煤气灯下》《真假公主》《东方快车谋杀案》等多次获得奥斯卡金像奖，成为好莱坞的一代传奇。

家教感悟

在家庭教育中，家长往往希望孩子按照自己的设想去发展。当孩子希望成为一名歌唱家的时候，家长却希望孩子能够成为一位医生；当孩子在绘画上表现出天赋时，家长却希望孩子能够成为一名公务员；当孩子梦想成为一个植物学家时，家长却将孩子禁锢在家庭这个小小的圈子中，希望孩子不要离开家庭。其实，这都是家长不尊重孩子的表现。

尊重孩子，要尊重孩子的性格特点、兴趣爱好及对活动的选择，切忌拔苗助长，逼孩子做力不能及的事情或不想做的事情。不要将自己的期望强加给孩子，使孩子过早地背上沉重的学习负担。古今中外教育实验早已证明，兴趣是学习的动力。违背孩子的兴趣爱好强迫孩子学这学那，都是有违儿童身心发展规律的。在家庭教育中，父母的尊重可以使孩子感到他们与父母有着平等的地位，从而对父母更加敬爱和亲近，也更乐于向父母倾吐心里话或乐意接受父母的意见。这有利于增进父母对子女内心世界的了解，使教育子女有的放矢，收到更好的效果。

允许孩子拥有自己的梦想，不用冷言冷语打击孩子，尽可能帮助孩子更清楚地了解自己的想法，是孩子成长道路上的一大助力。家长关爱孩子、尊重孩子并不意味着无原则地迁就孩子。人身安全、伦理道德等方面的要求和合理的限制同样是孩子健康成长所必需的。但是，家长无论在实施怎样的要求，千万要记住：孩子虽小，但他们有感情，他们也需要尊重。尊重，是孩子健康成长的心理需要。

你早该知道的孩子成才秘密
（外国卷）

再忙也别忘了陪孩子
——英迪拉·甘地的家教

◎ **家庭类型**

　　政要家庭

◎ **教育方式**

　　参与引导型

◎ **名人档案**

　　英迪拉·甘地（1917—1984）　曾两次任印度总理（1966—1977，1980—1984）。第一任印度总理尼赫鲁之女。因与费罗兹·甘地结婚，而被称为甘地夫人。1938年加入国大党。曾因参加反英运动入狱。1959年任国大党主席，1964年任新闻和广播部长。总理任内，曾兼外交、财政、国防部部长等职。1977年竞选失败下野。1980年又任总理，兼国防、计划和原子能部长。

◎ **子孙档案**

　　拉吉夫·甘地　英迪拉·甘地与费罗兹·甘地的长子。1984年，他的母亲被刺身亡后他接任印度总理。同年大选获胜，续任总理，曾兼任计划、科技、原子能、空间、财政、国防、外交等部部长。

◎ **名人名言**

　　我的一生都用来为人民服务。即使我死了，我的每一滴血都会用来哺育印度，让她变得更加强大。

　　　　　　　　　　　　　　　　　　　　　　——甘地

家教故事

尼赫鲁·甘地家族出了尼赫鲁、英迪拉和拉吉夫三位总理。尼赫鲁·甘地去世一年多之后,他的女儿英迪拉·甘地便当选为国大党领袖并出任总理,成为印度历史上第一位女总理。英迪拉对印度有着出色的贡献。她个人权力欲望很强,政治上不屈不挠,在世界事务中坚持独立自主。而在孩子心中,她则是最好的母亲。

英迪拉·甘地曾说:"对于一个女人来说,做母亲是个最崇高的天职。她把一个新的生命带进这个世界,看着他成长,希望他有远大的前程。这真是令人陶醉的体验,使人感到新奇和兴奋。"英迪拉幼年时,因为父母政治事务上的繁忙,她与父母待在一起的时间很少。当她有了孩子后,下定决心要挤出足够的时间和孩子们待在一起,好好教育他们。即使她做了一国总理,不管多忙都会抽出时间和孩子一起玩耍或读书,从不放松对孩子的教育和引导。如果英迪拉需要外出办理一些家务或从事一些政治活动,她通常是将活动安排好,以便在孩子放学前就回到家里。她不认同印度的富裕家庭把抚育孩子的重任交给保姆的习惯。在家中,她会用很多时间考虑孩子们的问题。一位教师把英迪拉访问学校检查孩子进步的情形,和其他一些学生的母亲作了对比,认为"那些母亲似乎从不认真关心她们的孩子"。教师回忆说,甘地夫人经常和他们谈话,并且十分风趣地和他们讨论一些问题。后来,"当她必须离开的时候,他们再也不会感到自己是无人过问的了"。

英迪拉·甘地对儿子拉吉夫·甘地的成长起了重要的作用。拉吉夫从小性格内向,少言寡语,甚至有些腼腆。拉吉夫三岁时,全家搬进了新居。年少的他对新居有些不适应,总是觉得不开心,因此经常哭闹。有一次,拉吉夫又不知道什么原因在家里哭闹,大家都没有办法。这时,母亲就对他说:"孩子,花园里的喷泉很美,你想哭的时候就到喷泉那里去吧。"拉吉夫听到母亲这么说，果然跑到花园的喷泉那里。他见到那里有很多有趣的东西，就停止了哭泣，忙着观察这些有趣的东西。此后，每次孩子哭时，英迪拉总是会轻声地在一旁说"喷泉"，孩子们就走开了。母亲知道，花园里有很多东西，足以吸引孩子们的注意力，让他们把烦恼和不快抛到脑后。这个办法确实有效，每试必准。

在教育儿子方面，英迪拉也尽量培养孩子的独立意识与坚强性格。拉吉夫十二岁的时候，需要做一次手术。尚年幼的他本能地有些害怕，不知做手术会发生些什么事情。为了安慰他，主治医生打算告诉他手术很简单，并不痛。但英迪拉却认为，儿子已经长大了，对他隐瞒事实反而不好。于是，她告诉儿子："孩子，手术后有几天会相当痛苦，这种痛苦没有人可以替代，你要有心理准备。你可以哭泣，但哭泣无济于事。不仅不能减轻你的痛苦，也许还会引起头痛。"拉吉夫听了母亲的话，点了点头，后来他接受了手术，既没有哭也没有叫喊，坚强地挺了过来。

英迪拉的这种教育方法对拉吉夫确实产生了作用。拉吉夫在伦敦帝国学院、剑桥大学留学期间，从不炫耀自己的家庭，常参加社会活动，但不抽烟、不喝酒。为补贴生活费，他在果园打过零工、在冷冻厂当过小工、卖过冰淇淋，还曾在面包厂做过工，得过生产优异奖。

为了让拉吉夫顺利接班，英迪拉着意培养他。她让拉吉夫帮助处理一些日常政务，代她接见一些党政要人，有时也安排拉吉夫代她外出视察，使其获得了从政的初步经验。通过耳濡目染以及经验的一步步积累，拉吉夫具备了一个政治家的基本素质。英迪拉遇刺身亡后，拉吉夫接任总理，他以国家利益为重，果断平息了全国的骚乱，使国家迅速稳定下来。1984年的最后一天，拉吉夫·甘地大选获胜，正式宣誓就任印度新总理。

你早该知道的孩子成才秘密
（外国卷）

  甘地夫人作为一国总理，在日理万机的情况下，也尽量抽时间和孩子们在一起，从不放松对孩子的教育。而今天，有不少父母因为工作繁忙，认为只要让孩子吃得好、穿得好、住得好就行了，总是忽略和孩子沟通，忽略对孩子必要的教导。由于父母放任自流，一些孩子可能会走上邪路。所以，不管工作多么繁忙，作为父母的你也应尽量抽时间陪孩子。这对孩子健康成长有很大的帮助。

  对孩子来说，胆怯、懦弱和腼腆是普遍存在的。父母要让孩子学会自己生活，让他自己去面对生活的种种考验。譬如：夜间让孩子独自上厕所，面对病痛咬紧牙关……这些看起来是小事，但对培养孩子独立、坚强的性格很有益处。

你早该知道的孩子成才秘密
（外国卷）

陪着孩子朗读
——芭芭拉·布什的家教

◎ **家庭类型**
　　政要家庭
◎ **教育方式**
　　家族传统型
◎ **名人档案**
　　芭芭拉·布什（1925—）　美国第四十一任总统乔治·赫伯特·沃克·布什的夫人。在美国，提起芭芭拉·布什，人们会怀着崇敬的心情称她为贤妻良母。为了丈夫的事业、孩子的成长，她把自己的一生默默地奉献给了他们。离开白宫后，芭芭拉也被人尊称为"美国的祖母"。
◎ **子孙档案**
　　乔治·沃克·布什　芭芭拉·布什的长子，美国第四十三任总统（第54—55届）。
　　杰布·布什　芭芭拉·布什的次子，第四十三任佛罗里达州州长。
◎ **名人名言**
　　首先要相信一些超越个人的东西，要去理解我们这个时代的伟大思想。我选择相信的伟大思想是，人应该有文化素养。因为我真诚地相信，如果越来越多的人具有读写和理解的能力，那么我们就能更好地解决好些祸害国家、社会的难题。
　　　　　　　　　　　　　　　　　　　　——芭芭拉·布什

家教故事

芭芭拉·布什的丈夫成为一位总统，她又养育了一位总统，美国人曾幽默地说她是总统生产线上的CEO。这个女人过着非常传统的家居生活，为了丈夫的事业，她任劳任怨，陪伴老乔治·布什到过十七座不同的城市，搬过二十九次家。她一共生养了六个孩子。由于丈夫忙于事业，经常离家在外，料理家务、养育孩子的责任几乎落在了芭芭拉一人身上。面对家庭诸事，芭芭拉处理果断，她是丈夫背后强大的后援。尽管她患有甲状腺炎，丈夫老布什也患有心脏病，二女儿罗宾因患白血病早年夭折，老布什竞选连任失败，其他五个儿女的成长道路也并非一帆风顺，但这一切都没有压倒芭芭拉·布什，她总是竭尽全力保护自己的丈夫和孩子。

芭芭拉在文学上也有着过人之处，她对儿童的教育尤其关注，经常参与以儿童和成人文学为主题的活动，并为各类出版物撰写文章，促进家庭文学的发展。芭芭拉在子女的教育上颇有心得，在她还是孩子的时候，她的父亲就经常给她读书。这一方法在她为人母，教育子女时得到延续，成为她成功教育孩子的法宝。

正如专家所言，早接触听读，有助于孩子"天慧"的早启。芭芭拉在孩子出生不久后就给他们读书。布什家的朋友布朗夫人的儿子先天弱智，芭芭拉知道后建议她坚持给儿子读书。布朗夫人像芭芭拉一样，从儿子出生后不久便每天给他读书。这一方法起到很好的作用。当他上幼儿园时，几乎就能自己朗读了。

在如何陪孩子朗读方面，芭芭拉有着自己的一套经验。芭芭拉会每天定时陪孩子朗读。芭芭拉认为家长要养成陪孩子朗读的习惯，在每天的同一时间，至少读十五分钟。她常常在孩子们入睡前读书给他们听，而孩子们也渐渐迷上了晚上的读书时间。在她看来，在每天的什么时间给孩子读书并不重要，重要的是家长一定要坚持。

在给孩子念书时，还要念得生动有趣，吸引孩子的注意，并鼓励孩子思考。芭芭拉在给孩子念书时，会经常故意不念句中的一两个字，让孩子自己补上去。她还会问孩子们一些问题，让孩子猜书中故事的结尾，问问孩子喜欢书中的哪一部分等，以此来启发孩子思考。为了增加孩子的阅读兴趣，她还会把书中的文字内容与插图结合起来。

除此之外，芭芭拉还定期在家中举办家庭朗读活动。动员全家都来参加读书，包括公务之余的布什，甚至是保姆。家中不同的人给孩子读书，给孩子们带来了新鲜感。

根据专家的建议，芭芭拉也总结了如何给孩子选书的方法，即给孩子读的书应该与他们的兴趣、年龄、能力结合起来。三岁以下的婴幼儿喜欢简单的连环画和有着他们熟悉的事物的故事书，鲜艳的颜色、简单的图案和形状能吸引孩子的注意；三到六岁的学龄前儿童，喜欢动画书、儿歌以及寓言故事，这些书也易于儿童记忆。

为了让孩子养成阅读的习惯，芭芭拉认为家长应该把图书放在孩子们垂手可及的地方。芭芭拉在家里摆放了一架架的图书，让孩子们在想看书的时候随时都能拿到手中。这些书并不是多么昂贵，有些来自便宜的书摊，有些是从旧书店里淘来的，还有些是跟别的家庭交换得来。如果有亲戚要送孩子礼物，芭芭拉会告诉他们，书就是最好的礼物。

芭芭拉的家庭朗读方法，对这个荣耀的家族的孩子们进行了良好的熏陶，当然，她自己也从中得到了很多乐趣。如今，芭芭拉已经是十四个孙子、孙女的祖母了。她对五个儿女都很满意，她曾在接受采访时自豪地说："他们都获得了成功。感谢上帝，他们成功了！"

芭芭拉·布什感到很欣慰，因为即使她的子女们有了一定的事业，他们仍然会经常回家相聚。这种家人之间的亲密关系是在他们小时候就开始建立起来的。

家教感悟

在关于如何给学龄前的孩子朗读方面，一些专家也做出了相关研究。七十年代前，美国伊利诺伊大学的研究员就曾对二十个学龄前就能够阅读的儿童进行调查，并发现这些孩子的共同之处就在于他们的父母在孩子很小的时候就开始陪孩子朗读，帮他们养成了阅读的习惯。而一些教育家通过研究也表明，大部分孩子在十二岁以前聆听能力比阅读能力高，因此他们"听"书的收益会更大。

让孩子养成阅读的习惯对于孩子的成长具有很多好处，并将使他们受益一生。阅读能让孩子收获乐趣，提高孩子的语言能力、写作能力，增强孩子的记忆力、想象力。当然，除了这些学习技巧，在家里开展家庭朗读还能教给孩子参与分担的意识与责任，为家庭营造一个温馨的氛围，让孩子感受到父母暖暖的爱。

芭芭拉·布什给孩子朗读的方法是：宜早不宜迟；养成朗读的习惯；把书念得生动有趣；动员全家参加家庭朗读；选择适合的图书，把书放在孩子垂手可及的地方。

你早该知道的孩子成才秘密
（外国卷）

自信令你更美丽
——撒切尔夫人的家教

◎ **家庭类型**

　　平民百姓家庭

◎ **教育方式**

　　独立自主型

◎ **名人档案**

　　玛格丽特·希尔达·撒切尔（1925—2013）　英国著名右翼政治家，曾任英国第四十九任首相（1979—1990），是欧洲历史上第一位女首相。她的政治主张和政策给英国的经济、社会及文化产生了深远的影响，因而她的政治哲学与政策、主张被称为"撒切尔主义"，她被人们戏称为"铁娘子"。

◎ **名人名言**

　　我爱争论，我爱辩论。我可不预期有人会安静地同意我的说法。这不是他们的工作。

——撒切尔夫人

家教故事

玛格丽特生于一个英国平民之家。她的父亲是个普通的杂货店店主，母亲是个裁缝。这个小康之家过着非常平凡的生活。父亲是个很有追求和能力的人。他通过自己的奋斗，逐步成为当地市长。在玛格丽特开始接触社会的时候，父亲的努力与魄力，给她树立了很好的榜样。同时，父亲对她的培养十分重视，在玛格丽特成为首相时，曾将自己的一切成就全部归功于父亲对她的教育。

不随便说"不，我做不到"，是父亲建立孩子们自信的第一步。玛格丽特不到十岁就必须在家里的杂货店中工作。她不但要站柜台、销售货物，跟各种各样的买家打交道，还需要做开门锁门、打扫卫生这样的杂事。再长大一些后，进货、摆货架之类的体力活也由她做。父母不许她和姐姐说"太难了，我做不到"这类的话。当接到任务时，姑娘们难免抱怨，父亲便会要求她们必须认真地、全心全意地投入行动。工作遇到困难无法进行时，父亲则会与她们一起想办法，通过动脑筋来寻找解决问题的办法。在动手与动脑相结合的工作中，玛格丽特各方面的能力得到了锻炼。不逃避困难，直面人生中的各种问题，是玛格丽特从小受到的教育。她的独立与坚强，便是由此开始的。

有主见，不随波逐流，是父亲对孩子们的第二个要求。只有对自己的信念无比坚定、对自己很有信心的人，才能不受别人的影响，坚持自己的意见。父亲希望孩子们能独立而自信，拒绝因为怀疑自己或羡慕别人而从众。豆蔻年华的女孩子本就喜欢郊游、看戏、逛街，享受美好的青春，玛格丽特年纪小也贪玩，当她忍不住提出"大家都在玩，我也要去玩"的愿望时，父亲非常严肃地批评了她："不要被别人改变。不要因为别人做，你就也要去做。你该做什么，需要你自己判断思考，不能随波逐流。"父亲要求女儿能够根据实际情况进行分析、思考和判断。一个人能够不被外界影响，客观冷静地思考问题，是非常难能可贵的品质。玛格丽特本就独立、好胜，在父亲的培养下，变得更加有主见，对自己坚持的事轻易不会改变。从政后，她保守的发型和端庄的衣着被媒体嘲笑为老古董，她不为所动，继续坚持自己的着装风格，不久媒体的评价便渐渐好转，她的风格被更多人接受和喜欢，甚至在二十世纪八十年代的英国引领了潮流，掀起了复古风。

只有有知识、有阅历，才能拥有自信的资本和底气。为了培养女儿，父亲经常带着玛格丽特逛图书馆、参与大学的讲座活动。成为市长后，父亲在讨论政治问题时，也让女儿在旁边听。玛格丽特在童年和少年时期，阅读了大量的书，不论是地理、历史还是政治、时事，她都比同龄人懂得多，课本上的知识更是不在话下。

玛格丽特也绝不是个书呆子。她喜欢曲棍球，曾经是学校历史上最年轻的曲棍球队队长；她喜爱音乐，弹得一手好钢琴；迷上了诗歌的她不但会写，还喜欢朗诵，十岁时就获得了威尔士朗诵奖。有知识、有特长又有能力的玛格丽特比同龄人显得成熟、大气和聪慧，她总是能轻而易举地成为老师、同学们的谈话焦点，这让玛格丽特的信心大增。

当众表达自己的观点，是考验一个人心理素质的好时机，良好的表达技巧和有见地的表达内容，能让人很快脱颖而出，受到关注。父亲格外注重培养女儿的表达能力。从小，他就带着玛格丽特到街头巷尾听人谈论时事，并鼓励年幼的女儿参与讨论，坚持大声地表达自己的观点，有时候太幼稚的言语搞得大家哄堂大笑，玛格丽特的脸涨红了。父亲默默站在她身后，用目光鼓励她继续。玛格丽特便深吸一口气，坚持说完自己的话。再长大一些，玛格丽特就成了辩论场上的风云人物。她知识丰富、思维灵活、口齿清晰，说起话来头头是道，常常博得满堂喝彩，这让她很自豪。在学校每当有人来演讲，玛格丽特总是抢着坐在第一排，盯着演讲人的一举一动，学习他的演讲技巧。演讲结束，她会第一个站起来提问，尖锐的问题常常令全场哗然。被老师批评或是被其他同学取笑，都不能阻止她。

年华匆匆，玛格丽特大学毕业后结婚生子，有了自己的家庭和事业，成为备受关注的"撒切尔夫人"。自始至终,她的坚决、自信、强硬,给世界留下了深刻的印象。良好的家教,令她头脑充实,举止优雅,性格坚强,不论是青春少女的玛格丽特,还是被岁月雕琢成玉的"铁娘子"撒切尔,都是充满了魅力的美丽女人。

家 教 感 悟

没有自信,人就只能在别人的目光和嘲笑中跌跌撞撞地前行或随波逐流,甚至因找不到方向而不知所措。别人的意见总是千变万化,而自己的走向应当自己决定,一个有自信的孩子更喜欢接触世界,也更有机会征服世界。

孩子自信的培养,一般是由父母开始的。他们的自信来源于成功,而成功则来源于父母的肯定。孩子第一次端起杯子、第一次自己动手吃饭、学习写字、开口唱些自己才听得懂的歌……有了一点一滴的积累、无数次因小成功而赢得的赞扬,孩子才会热爱尝试,不怕失败,愿意表达,逐步养成开朗自信的性格,才会勇敢地去创造自己美丽的人生。

你早该知道的孩子成才秘密
（外国卷）

言传身教，影响一生
——肯尼斯·奥尔森的家教

◎ **家庭类型**
  平民百姓家庭

◎ **教育方式**
  言传身教型

◎ **名人档案**
  肯尼斯·奥尔森（1926—2011）　美国数据设备公司（DEC）创始人。他开拓了小型机产业，被业界誉为"小型机之父"。奥尔森在麻省理工学院专攻工程学，先后获得学士和硕士学位，后创办美国数据设备公司（DEC），很快就推出了划时代的产品PDP—8，小型机从此登上科技舞台。

◎ **名人名言**
  没有理由让所有人在家里都拥有一台（庞大的）计算机。
            ——肯尼斯·奥尔森

家教故事

美国数据设备公司（DEC）并不像微软、苹果那样广为人知，现在也已经被收购合并不复存在，但这不能抹杀奥尔森的贡献：他的研发令电脑从只能放在实验室里的庞然大物变成了只有冰箱大小的小型机；他开创了人机对话模式，让人们可以通过键盘对话机器、操控机器，将计算能力带进实验室、大学和小型企业。这是一种跨时代的飞跃。奥尔森创办了美国数据设备公司（DEC），并领导该公司成长为市值超过两百亿美元的国际大公司，业务遍布一百多个国家和地区。在二十世纪的八十年代，该公司是业内仅次于IBM的第二号巨头。他成为名副其实的超级企业家。

奥尔森的朋友评价他时，总是会用"诚实""勤奋"之类的词。对于员工来说，奥尔森是一个"会发脾气、会吼叫，鼓励创新、重视员工"的老板，他并不是一个好好先生，却被人爱戴与信任。而奥尔森的父亲奥斯瓦尔德也是这样一个人，不论是兴趣爱好，还是为人处世的原则，奥尔森都受到了父亲的影响。

1926年，奥尔森降生在一个普通的美国移民家庭，父母要养育四个儿女，在不太景气的经济背景下，这个家庭生活情况很拮据。奥尔森的父亲奥斯瓦尔德是一个聪明、能干的技术人才，虽然没有大学文凭，但他通过自学和实践成功地研发了几个小发明，拥有几项专利。但是由于生活所迫，他不能专心搞发明，为了养家糊口，奥斯瓦尔德做了一名推销员。

奥斯瓦尔德是一个虔诚的清教徒，奉行教义，有着坚定的信仰。他为人耿直、善良，绝不说谎。一次，他遇到了一位顾客，对他销售的机器很感兴趣，但了解了顾客的需求之后，有着丰富工程知识的奥斯瓦尔德发现自己所销售的机器并不是很适合这位顾客，顾客很有可能会浪费这笔钱。尽管销售是他的工作，尽管家里需要他销售所得的奖金，但奥斯瓦尔德还是如实相告，劝顾

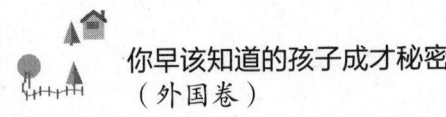

客不要购买这台对他来说并不适用的机器。这自然令顾客欣喜、令老板愤怒。"推销员劝顾客不要购买自己所推销的产品"的故事也令奥斯瓦尔德成了当地的名人。奥斯瓦尔德并没有说什么,或许对他来说这不过是自己应当作的事。

在父亲的影响下,奥尔森也成为非常讲究信誉的人。不论是他个人还是他经营的公司,都以诚信著称。奥尔森因不愿看到员工失业陷入窘境,曾经承诺"不论公司多么不景气都绝不裁员",后来美国数据设备公司(DEC)多次遇到困难,也曾濒临破产,但奥尔森都没有裁员,只有公司在被合并前,他不得不裁掉部分员工,但这个决定令他无比痛苦。

奥斯瓦尔德热爱工程,虽然未能成为工程师,却还是在地下室收藏了各式各样的工具与图纸。他经常带着孩子们在地下室里玩耍,让孩子们随意摆弄他珍爱的工具,鼓励他们使用工具制作自己喜欢的手工艺品,还为他们讲解工程学的基础知识。奥尔森对于机械和电子的兴趣就是在父亲的地下室里培养出来的,奥尔森与弟弟们都十分喜欢这些叫不出名字的玩意儿,一连在地下室玩好几个小时也不觉得烦。这种"玩耍"培养了他一定的动手能力,使他对机械工程和电子科学产生了浓厚兴趣。奥尔森十四岁时,与弟弟一起组装了无线电发射机,拿到火车站试用获得了成功,这令父亲非常骄傲。

对工程的热爱对奥尔森职业的选择起了至关重要的作用。他看的书,自学的知识,大都是关于工程学的,就连在美国海军中服役期间,还没有积累什么战斗经验的他,反而在不到一年的时间里学完了难懂的电子学技工培训课程,退役后成功进入麻省理工学院电气工程专业学习。进入大学之后,奥尔森很快显出了优秀的学习能力与非常强的学习愿望,这为他研发小型机奠定了坚实的基础。

奥斯瓦尔德对儿子的影响不仅仅是这些。奥尔森的朋友回忆说:"他根本不需要父亲的管教。他从小就脚踏实地,无论做什么都不会让父亲失望。"与父亲一样,奥尔森温和而坚定,像父亲一样重视和喜欢创新,喜欢鼓励身边的人勇敢表达自己的想法。在工作中,虽然他可能会因为所持观点不同而跟人争论得面红耳赤,但他总会给每个人提供发言表达的机会。奥尔森与父亲一样，不喝酒、不抽烟，并且尽量避免社交集会，即便是身边的副总经理和秘书，也很少在工作外的场合与他接触。

奥斯瓦尔德将自己的三个儿子全都培养成了工程师，尽管他们的成就有大有小，但都像奥斯瓦尔德一样，有着踏实刻苦、诚恳认真的优点。儿子们深爱自己的父亲，非常欣赏父亲为人处世的方法，才会自觉效仿、学习，最终成为一个像父亲一样的男人。

家教感悟

或许教育就是这样简单，想要孩子养成怎样的习惯，想要孩子拥有怎样的品德，父母只要自己做到就好。用自己的行为日复一日地影响孩子，这比任何填鸭式教育或说教更有效果与意义，因为每个孩子都是放在转盘上的一块柔软的陶土，塑造他们的则是父母的行动。

言传身教是一种无时无刻不在进行的教育，潜移默化的影响和习以为常的姿态会更能让孩子由衷地认同，并按此去做。如果我们希望孩子爱干净，那么家长自己就要注意个人卫生与环境卫生，让孩子可以仿照父母。这样的教育不但简单，而且有效。

坚强的榜样
——杰奎琳的家教

◎ 家庭类型

  政要家庭

◎ 教育方式

  独立自主型

◎ 名人档案

  杰奎琳·肯尼迪（1929—1994） 毕业于华盛顿大学，会流利地说法语、西班牙语和意大利语。喜欢法国风格的食品和时装。曾是美国第三十五任总统约翰·肯尼迪的夫人。杰奎琳在《华盛顿时代周刊》担任记者时，因为工作关系结识约翰·肯尼迪，后来与其结婚。肯尼迪遇刺后，杰奎琳独自把两个孩子培养成了杰出的人。

◎ 子孙档案

  卡罗琳·肯尼迪 杰奎琳·肯尼迪的女儿。被美国人称为"全国的宝贝"，2013年出任美国驻日本大使。

  小约翰·肯尼迪 杰奎琳·肯尼迪的儿子。毕业于布朗大学和纽约大学法学院，曾先后担任联邦的地区助理检察官，政论性杂志《乔治》的主编。1999年在一次飞行中坠机身亡，时年三十九岁。

◎ 名人名言

  我要生活，而不是记录生活。

——杰奎琳

家教故事

肯尼迪总统倒下的时候，杰奎琳身着香奈儿粉红色套装，戴着她标志性的盒式帽子，怀里捧着玫瑰花，正在向沿途的人们挥手致意。突然间远处的子弹飞了过来，丈夫的头在她面前碎掉了，红色、白色的液体猛地洒在她粉红色套装上。一个时代结束了。她镇定地参加新总统的就职仪式，准备隐退历史的舞台。然而，对于小约翰和卡罗琳来说，卸下"第一夫人"光环，拒绝当墨西哥大使的杰奎琳作为母亲的一生才真正开始。事实证明，这个优雅而坚强的女人不仅可以在政治的台前散发光芒；在历史的幕后，她也能当好一个优秀的母亲。

卡罗琳和小约翰，是肯尼迪活至成年的两个孩子。入住或出生于白宫的身份让这两个孩子获得了很多关注。他们从出生到成长，都一直在人们的视线之内。丈夫的葬礼结束后的几小时，坚强的杰奎琳做的第一件事就是给儿子小约翰举办生日宴会。她说，这是她答应过儿子的。而且，她也不想把成人世界里的恐惧和悲痛带给孩子。她是母亲。她不想让孩子们猜想究竟发生了什么事。他们都太小，她不想让他们伤心。

搬离华盛顿以后，杰奎琳先是带着两个孩子回到乔治城自己的寓所，开始避开公众视线，然后又搬到纽约曼哈顿。人们对他们的生活情况依然很好奇，有的人甚至在他们家门口安营扎寨围追堵截，但这些都不能停止杰奎琳带着孩子们过自己的生活。

人们非常关心卡罗琳和小约翰，但他们始终没有对这两个孩子抱有太大的期望。在美国，这样年幼就失去亲人的孩子很有可能遭受不同程度的精神创伤，可能会因为心理难以承受、出现各种不良行为而被送进心理康复中心。其实，卡罗琳和小约翰如果有任何不正常的举动，都是可以被理解和宽恕的。然而，他们没有。在杰奎琳的悉心照料下，他们在公众的视线中一点一点地成长起来。

小约翰小时候羞怯自卑，所以在他十一岁的时候，杰奎琳把他送到英国南部普利茅斯的德雷克岛上学习驾驶独木舟和帆船，训练爬山，磨炼意志，建立坚强独立的人格。这个岛由火山凝灰岩和熔岩组成，在历史上是用于防守事务的。这里，条件十分艰苦。两年之后，杰奎琳又把他送到美国东北部缅因州的一个荒岛上学习独立生活。在二十天的训练中，他只得到一加仑的水、两盒火柴和一本教他如何在野外生存的书，其他的一切都必须自己解决。当然，这些远远没有结束。杰奎琳觉得，小约翰只有接受一次又一次的训练，他才可能最终独立。在小约翰十五岁的时候，他再次被送到野外进行生存训练。那一次他去了非洲，在肯尼亚的荒野待了很久。小约翰上中学后，杰奎琳大大延长了他野外训练的时间。她把儿子送去"国家户外学校"进行七十多天训练，进一步训练他的生存技能、生存意志和领导才能。除了野外训练，小约翰还参加了志愿公益项目，曾经参加赴危地马拉从事地震救灾的工作。

正是通过一次又一次到野外、荒原、丛林的训练，小约翰终于练就了理智而豁达的性格，成为一个潇洒、上进、有担当的青年。1983年，他从纽约大学法学院毕业，参加了律师资格考试，成为一名助理律师。而后又去印度工作，再辗转回纽约担任公职。1995年，他创办的政论性杂志《乔治》终于诞生。

杰奎琳在对儿子的培养中花了很多心血，但她并不是一个重男轻女的人。卡罗琳从小就懂事、沉着，有自己的主见，所以杰奎琳没有对她太过严格。卡罗琳也很争气，她也继承了肯尼迪家族对公益事业的喜爱，为公益和慈善事业做出了很多贡献。2013年，她成为美国驻日本的首位女性大使，成为当今美日关系中一位十分重要的人物。

你早该知道的孩子成才秘密
（外国卷）

 家教感悟

　　母亲，是刚与柔的结合体。她倾尽一生，将所有的关爱无私地奉献给孩子，用春风般的柔情滋润孩子的心田。同时，母亲也要用一种坚强而独立的人格来感染孩子，为他们能够勇敢地面对人生的挑战与挫败做出榜样。

你早该知道的孩子成才秘密
（外国卷）

你的人生由你自己打造
——沃伦·巴菲特的家教

◎ **家庭类型**

　　商人家庭

◎ **教育方式**

　　独立自主型

◎ **名人档案**

　　沃伦·巴菲特（1930—）　美国投资家、企业家及慈善家。多年来，在《福布斯》排行榜上财富总数位列全球前三甲。巴菲特具有独到的投资眼光和天生的商业头脑，他投资了可口可乐、卡夫、宝洁、IBM等多家企业。对股票市场的敏锐为他赢得了"股神"的称号，他积累了大笔财富，2008年超越了比尔·盖茨，成为世界首富。

◎ **名人名言**

　　钱找人胜过人找钱。要懂得钱为你工作，而不是你为钱工作。

——沃伦·巴菲特

家教故事

今天，已经八十多岁的巴菲特依旧活跃在投资市场与慈善事业中。他为哈佛学子开讲座，写文章抨击美国人太宠爱"土豪富二代"，为慈善基金展开"巴菲特午餐"拍卖会，在各种场合传播他的投资秘诀与为人之道。他的风趣幽默为许多人所喜爱。在美国的一次评选中，他的亲切与精明使他当选了"除了父亲之外最值得尊敬的男人"。而对于子女来说，作为父亲的巴菲特，就显得不那么"亲切"了——沃伦·巴菲特对孩子们总是管得很少，也很少给予他们物质上的支持。

沃伦·巴菲特有一个女儿两个儿子，三个人都没有继承家业、奋斗于金融圈的打算。长女苏珊是一个平凡的家庭主妇；长子霍华德做了一名农场主，过着自由自在的生活；次子彼得自幼喜爱音乐，后成为专业的音乐家，为奥斯卡获奖电影、知名广告制作过音乐。在回忆起父亲对他们的教育时，彼得说："获益并非来自于父亲的财富，而是来自于父亲的教育、父亲'人生由自己打造'的人生哲学。"

彼得表示，姐弟三人很少被父亲约束。他说："父亲始终支持我们的决定。只要这个决定是由心而发的、可以给我们带来快乐的。"这一点，在巴菲特对孩子的学业选择上就可以看出来：苏珊差六个学分就能毕业，却选择退学结婚生子，做个家庭主妇；霍华德以优异成绩念到大四，却选择退学，从事农业工作，做一个种玉米和大豆的农民；彼得就读于斯坦福这样的名校，却选择离开学校，独自赴纽约"玩音乐"。这样的情况在中国父母看来，是绝对不能接受的，但巴菲特不但接受了，还支持他们："去做让你快乐的事。如果开垃圾车能让你快乐，那就去吧！"

尽管是个大富翁，巴菲特却绝不允许孩子们过奢侈的生活，也很少给予他们金钱上的支持。从小生活在富裕家庭里的姐弟三人，也要像普通人家的孩

子一样,以为邻居除草、遛狗来赚零花钱;而为自己家洗碗或擦地,则是一种家庭义务,是每个人都要承担的。父母从不给他们购买奢侈品,选择的服装都是以舒适、耐用为主。巴菲特教育孩子们说:"我钱多是因为花得少。"这样的生活观念一直影响着姐弟三人。

孩子们成年之后,父亲给他们的帮助就更加少。霍华德想要开自己的农场时还是个身无分文的大学生,只得向父亲求助。面对儿子的请求时,他提供了一笔利息颇高的贷款给儿子。霍华德为偿还这笔贷款承受了巨大的压力,不但需要辛辛苦苦地工作,还要节衣缩食地过日子。这样的情况彼得也遇到过,十九岁的他只身到纽约进行音乐创作,却苦于没有投资,他只能打零工维持生活,在旧录音棚蜗居。回忆这样的经历,儿子们却很能理解父亲:"刚开始有些生气。但是后来想到,如果父亲提供了资金,我们反而没机会体会到自己努力的重要性。这是他爱我们的一种方式。"

"你的人生由你自己打造",因而我们应当决定自己的人生方向,选择自己衷心喜爱并愿意坚持走下去的道路,要依靠自己的力量克服一切困难,而绝非向父母寻求庇护。这是巴菲特的人生哲学,也是巴菲特的人生经历。巴菲特五岁时就在家门口兜售口香糖赚钱,六七岁时带着小伙伴们在高尔夫球场附近捡球卖给回收站,而做这些不是因为他家庭贫困,只是因为他喜欢。巴菲特从小对数字很敏感,满脑子都是赚钱的主意,十一岁时就购买了自己一生中的第一支股票,成为"股民"。

巴菲特成为富豪,是因为他喜欢赚钱的过程。对他来说,这份工作充满了趣味性与挑战性,让他能够感受到无比的快乐与刺激,这是他从事投资业的最重要原因。从自己的经历中,巴菲特深知,人从事自己有兴趣的事,才会获得成功。因而对于儿女的未来,他要他们自己决定,并对自己负责。

彼得说:"很多时候,我们生活的主题无非是创业、买房、买车。这一切都是为了过得好,让自己快乐些。为什么不直接切入主题,寻求快乐呢?"这个问号,值得每个做父母的思考。父母都希望孩子能够做出一番事业,获得成功,过上幸福和快乐的日子。却没有去思考:什么才是成功?孩子要怎样才能获得快乐。做个成功的投资大师,或是成为平凡的农民,所获得的快乐都是一样,只要选择了自己内心真正喜欢的道路,结果并不重要。

在大多数人看来,巴菲特的几个孩子可能算不上成功,因为他们的财产、名气和威望完全无法与他们的父亲相比。但这在几个孩子看来是否"成功"并不重要,因为他们用自己的奋斗获得了自己喜欢的生活方式,在这一生中已经足够了。

曾有人说,中国最不被认可的成功者就是家庭幸福,生活快乐,可是没有名气、没有钱。家庭幸福与生活快乐,本就是一种无与伦比的成就。为什么要用金钱或是地位去衡量一个孩子的未来呢?让孩子做自己真正喜欢做的事,让他通过自己的努力打造自己想要的未来,就是父母对孩子最大的支持。

教孩子直面人生，勇于挑战
——默多克的家教

◎ **家庭类型**
　　商人家庭

◎ **教育方式**
　　独立自主型

◎ **名人档案**
　　鲁伯特·默多克（1931—）　美国著名新闻媒体机构经营者。他是庞大的传媒帝国新闻集团的执行总裁、主要股东和董事。他所拥有的知名媒体机构有英国天空电视台、美国福克斯电视集团、中国香港的亚洲卫视等，还拥有《纽约时报》《太阳报》《泰晤士报》等知名报纸的大量股权。其媒体覆盖美、欧、亚、澳等洲，影响力巨大。

◎ **名人名言**
　　你要改变的是自己的头脑，而不是去改变别人。
　　　　　　　　　　　　　　　　　　——默多克

家教故事

鲁伯特·默多克出生于澳大利亚墨尔本的南部,父亲是澳大利亚的报业大亨,管理着几家颇有名气的报纸;母亲是个演员,见多识广又有主见。父母对默多克非常疼爱,同时十分重视对他的培养。在父母的职业与教育影响下,默多克比其他孩子早熟,不但聪明,而且性格独立、坚强,非常勇敢,喜欢挑战。

年幼的默多克很得父亲钟爱宠溺。对儿子的要求,父亲百依百顺。默多克也因父亲的疼爱而很黏人,稍有不顺心便哭闹着向父亲撒娇以求庇护。母亲为了让儿子独立、坚强,专门在家里的后院盖了一座小木屋,装修成默多克喜欢的样子,将它作为他的单独的卧室。小木屋虽然漂亮,但与主屋距离较远,天黑后静悄悄的。在小孩子看来,有几分恐怖和阴森。默多克坚持不要睡在小木屋里,父亲也心疼儿子,想要儿子回到主屋,但母亲拒绝了。

每当夕阳西下,母亲便拉着默多克来到小木屋,在里面陪他读书看报,哄他睡觉,默多克拼命地扯住母亲的衣服不肯松手,不让母亲离去。母亲坐在他旁边,俯下身对他说:"孩子,这是对你的一种挑战和锻炼。你要适应自然界的黑暗,克服恐惧、学会独处,这样才能自立自强。"她让默多克将这一切想象成一个游戏。在黑暗中不害怕,就是一种胜利。

尽管赢得胜利并没有物质奖励,但默多克却独自开始了这个游戏。在黑暗中他闭着眼睛,与自己的恐惧心理斗争着,没过多久他就发现黑暗没什么可怕的。在赢得一次"胜利"之后,默多克的胆子变大了。久而久之,他逐渐喜欢上小木屋里的独处生活,不用母亲陪伴也可以安心入睡了。这一住就是好几年,只有冬天天冷时他才返回主屋的卧室居住。

随着年龄的增大,"挑战游戏"的难度也升级了。默多克十岁时,母亲决定将他送到寄宿学校接受教育。对此父亲坚决反对,认为年纪小的孩子很容易在集体生活中受欺负，也根本没有办法照顾自己。母亲依旧不让步，她认为独立生活能让默多克更坚强，能为自己的事做决定，集体生活也会让他学到如何与人相处，能让他更加成熟。母亲对默多克说："这是另一种挑战了，你想不想赢？"默多克选择迎接这一挑战。他离家来到位于港口的基隆语法学校，开始了他的寄宿生活。这所学校学风严谨，有许多高水平的老师。默多克在这里学习、成长。在学生社团中崭露头角，很快成为校报的主编，开始了他的媒体生涯。

将困难视为挑战，并且勇敢地面对它，战胜它。这是默多克家族教育中的重要内容。

在澳大利亚，有一个打野兔的游戏。男孩子们在树林中追逐捕猎野兔，成功狩猎后将猎物交给父母，可以换得零花钱。默多克家庭富裕，自然不必通过这样的方法赚零花钱，但父亲很鼓励他尝试，认为男孩子需要更多的历练。默多克没有让父母失望。父母的培养让默多克从小就很独立、很能干，热衷于挑战。他也因此为自己赢得了不少的机会。

男孩天性好强好斗，挑战能够激发他们的潜能，让他们更有活力和爆发力。默多克真正面临的第一个大挑战在他读大学时突然到来的。父亲突发心脏病去世，正在牛津大学念书的默多克匆匆回家奔丧。在料理父亲的后事时他发现父亲经营的报纸都在亏损、破产的边缘，处境十分艰难。默多克冷静地分析了情况，将其他报纸变卖，只保留了两种。他积极与竞争对手合作，挽救了一种报纸；之后他又开拓市场，调整经营策略，使另一种报纸也起死回生，开始盈利。早年养成的坚毅的性格和独立思考的能力，使他在灾难突发的时候能够保持冷静的头脑，迎接挑战，扭转不利的局面。

从两种濒临破产的报纸开始，默多克的生意越做越大。三四十年的时间里，他的产业已经遍布全球。从报纸到电视台再到电影类图书，"传媒大亨"建立了自己的王国。他的新闻集团已是世界上最大的跨国传媒集团，被称为"默多克的传媒帝国"，他本人也成为世界新闻界屈指可数的人物之一。

家教感悟

孩子怕黑不愿独自入睡的时候,许多父母多半会陪在身边,觉得"长大了就不怕了";孩子不能照顾自己,无法独立生活,父母会习惯代替他们把一切做好,觉得"长大了自然就会了"。可是不给孩子学习克服恐惧的机会,他们又如何真正长大呢?当有一天他们必须独自面对黑暗,毫无准备和经验的他们又该怎么办呢?

父母之爱子,则当为之计深远。教给孩子面对挑战的方法,令他们更独立、更勇敢,才是父母最珍贵的赠予。

暴风雨来临时,海上的船只必须直接迎着风暴加速开过去,以此减少船身与风暴的接触,这是最安全的做法。培养孩子直面人生困难,就像是减少船身与风暴接触的过程。灾难与风险,也是人生的好老师。

"丑小鸭"到"白天鹅"的蜕变
——索菲娅·罗兰的家教

◎ **家庭类型**

　　平民百姓家庭

◎ **教育方式**

　　励志教育型

◎ **名人档案**

　　索菲娅·罗兰（1934—）　著名的意大利电影表演艺术家，被誉为世界上最具自然美的女人。成长于战争期间的拿波里废墟，十五岁在意大利一个选美大会上被人发现，从此，走上演艺之路。1955年拍的《河娘泪》广受关注，1961年以《两妇人》成为奥斯卡和戛纳双料影后，从此成为国际巨星。1992年获得奥斯卡终身成就奖。

◎ **子孙档案**

　　小卡罗　索菲娅·罗兰的长子。出色的乐队指挥。

　　艾多拉多　索菲娅·罗兰的次子。导演和作家。

◎ **名人名言**

　　你若用不健康的方式生活，任何化妆术都无济于事。

　　　　　　　　　　　　　　　——索菲娅·罗兰

家教故事

现实中,父母会教育孩子从小就要坚强地面对生活中的挫折,然而父母们在教育孩子时,是否自己也做到了坚强地面对一切困难呢?有人说,孩子是父母的镜子,孩子身上的品性也反映出了父母的为人处世。做父母的,应该用坚强的意志引导孩子,在孩子遭遇挫折时,也要用坚强的意志鼓励孩子走向成功。

在世人眼中,索菲娅·罗兰是影视界中拥有高超演技的演员,是红地毯上亮丽的一道风景。她的美丽大方和优雅气质,深深地吸引着人们。然而,谁能想到这样一个世界明星却曾经是遭人耻笑的私生女!索菲娅为何能从一个昔日人们眼中的"丑小鸭"蜕变为耀眼的"白天鹅"呢?这样的转变与她母亲的引导是分不开的。正是母亲的坚强给予了索菲娅无穷的力量,促成她实现了自己的理想。

1934年,索菲娅·罗兰降生于意大利罗马一间专门接纳未婚孕妇的慈善病房中。在当时的意大利,私生孩子是一种深重的罪孽。但索菲娅母亲性格坚强,尽管蒙受耻辱,她毅然决定独自把女儿抚养成人。

索菲娅的童年十分凄凉。她是在饥寒交迫、讥讽嘲笑中度过的。在那段艰苦的日子里,母女俩相依为命。为了养活女儿,母亲一能走动就出去找工作。当时的女房东在得知索菲娅一家的困境后,尝试说服索菲娅的母亲把女儿扔下,然而她断然拒绝了。20世纪30年代的意大利,因墨索里尼下令女人们待在家里养育孩子,所以当时的妇女们实际上没有就业的机会。索菲娅的母亲用顽强的意志应对这重重困境,终于在一家酒店找到了替人弹琴挣钱的活儿。

母亲面对挫折的乐观坚强、对生活永远充满希望的精神深深地影响着索菲娅。尽管自己遭到学校同学的嘲笑、遭遇战争的恐怖、经受螨虫等病毒灾害的侵扰……索菲娅仍然没有失去对生活的勇气与信心。

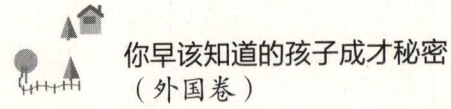

二战结束后,在索菲娅生活的小城里,一家电影院重新开张,放映了好莱坞影片《碧血黄沙》。索菲娅被这部影片深深地迷住了,她竟一连看了十二遍。冥冥之中,在索菲娅的心里,萌生了一个强烈的愿望——长大后,要当一名电影演员。

对于女儿的理想,索菲娅的母亲并没有因为生活贫困而浇灭它,而是采用鼓励的方式给予女儿自信,用自己的坚持为女儿打气。

索菲娅十五岁时,母亲得知那不勒斯正在举行少女选美比赛,她鼓励女儿去试试。然而,索菲娅从来没想过去参加这样的比赛,心里一点儿底也没有。她告诉母亲:"参加这样的比赛,至少得有一套午后礼服和晚礼服。"这对于生活在贫困线下的她们来说的确是一件非常困难的事。母亲也为这事发愁,但是乐观的她很快找到了解决办法。她从针线袋里找出一些零碎的布料,给索菲娅缝了一身褐色的比基尼,当作午后礼服;她把家里的粉红色窗帘扯下来,为索菲娅精心缝制了一件漂亮的晚礼服;为了有一双相配的鞋子,索菲娅母亲拿出自己仅有的一双黑皮鞋,将它用白漆漆成了耀眼的白皮鞋。

就这样,索菲娅穿着母亲为她赶制的衣服、鞋子,走上了选美比赛的赛台。她的气质与美貌,征服了评委们。索菲娅被评为大海皇后的十二个女儿之一——海的公主。看着女儿的成功,坐在台下的母亲,早已泪流满面。

这次意外的成功坚定了母亲将女儿培养成演员的信心。为了帮助女儿实现演员梦,她将女儿送进了那不勒斯的戏剧学校。为了支持索菲娅,母亲陪着她一起做临时演员。在索菲娅工作、生活没有着落时,她不断地为女儿打气鼓劲。为了女儿的前程,她执着地求见每一个与电影界有关系的人,不放过任何一个有可能帮助女儿实现理想的微小机会。在母亲的坚持与鼓励下,索菲娅迅速成长为演技高超、闻名世界的影星。正如索菲娅自己所说,是母亲和她一起共同实现的这一人生目标。

在索菲娅的童年时代,是母亲的坚强与乐观让她有勇气去面对接踵而至的困难;在索菲娅的艺术生涯中,当面对失败时,也是母亲的坚持与鼓励,让她对艺术一直充满着自信。索菲娅曾说:"即使在屡次遭遇失败的情况下，我仍然相信自己，绝不气馁。我不是一个天才，我除了自己以外，无人可以依靠。"

美国一位心理学家曾经对一百五十名有成就的人士进行过研究，发现人的发展与三种性格品质相关：一是坚持力；二是善于为实现目标不断积累成果；三是自信，不自卑。由此可见，坚强的性格对人生的发展非常重要。索菲娅之所以能成为人生路途上成功的跋涉者，与其母亲坚强性格的影响不无关系。

生活中，挫折是在所难免的，父母们应该用坚强的意志去引导孩子勇敢地面对挫折。在孩子实现理想的路途上，总会有许多失败。而每当这时，父母的安慰、支持与鼓励就是孩子获得自信与力量的源泉。

你早该知道的孩子成才秘密
（外国卷）

你可以成为任何你想成为的人
——威尔玛·鲁道夫的家教

◎ **家庭类型**

　　平民百姓家庭

◎ **教育方式**

　　励志教育型

◎ **名人档案**

　　威尔玛·鲁道夫（1940—1994）　美国短跑运动员。奥运会历史上最伟大的女子短跑运动员之一。她因患小儿麻痹症而致残。在奥运会的田径赛中仍夺得三枚金牌，成为美国田径史上第一个在同一届奥运会田径比赛中获得三枚金牌的女选手。

◎ **名人名言**

　　任何时候都不要放弃希望，哪怕只剩下一只胳膊；任何时候都不要放弃梦想，哪怕残疾得不能行走。

　　　　　　　　　　　　　　　　　　——威尔玛·鲁道

你早该知道的孩子成才秘密
（外国卷）

如果你的孩子在很小的时候，就被医生断言"她将永远都不能再行走"，作为家长的你会怎样面对这突如其来的厄运？或许，面对不幸的遭遇，很多家长会告诉孩子"接受现实吧，接受命运的安排"，甚至会告诉孩子"不要做超越了自身条件的事情"。然而，当上述厄运发生时，有一位母亲除了与孩子一起接受现实外，她还告诉自己的孩子"你可以成为任何你想成为的人"。

这位母亲就是美国历史上最伟大的田径运动员之一——威尔玛·鲁道夫的妈妈。当医生告诉她，她的女儿的一生将不得不永远在轮椅上度过时，她痛苦过，但她没有放弃女儿。她教会了女儿用顽强的毅力同命运抗争。而最终，这个因小儿麻痹症而致残，一只脚不得不靠铁架矫正鞋走路的女孩，在1960年的罗马奥运会田径比赛中获得三枚金牌。

威尔玛·鲁道夫出生于美国田纳西州偏僻森林地区的一户贫困人家。她在家中二十二个孩子中排行二十，是一个早产儿。刚生下来时，父母甚至对她能否活下来都心存疑虑。威尔玛从小体质虚弱，在她几岁时，因患小儿麻痹症而致残。从此，幼小的威尔玛不得不戴上铁制的腿支架。身体的残障给威尔玛的心中蒙上了一层阴影。当自己的伙伴们嬉戏玩耍时，她只能默默地坐在轮椅上。这一阴影随着年龄的增长愈来愈明显，威尔玛为此感到忧郁、自卑，她甚至拒绝靠近任何人。

然而，幸运的是，在她生命中这段灰暗的日子里，母亲不断地鼓励她同命运抗争。这位母亲不断地告诉女儿，她聪明灵巧，尽管戴着腿支架，但只要不把支架和残腿放在眼里，她仍然能在生活中做她想做的任何事情，仍然能成为任何她想成为的人。母亲告诉女儿，她需要的仅仅是信心、坚持、勇气和不屈不挠的精神。后来，威尔玛在回忆时说道："医生曾对我说，我再也不能行走了。然而妈妈却说我能,我相信妈妈。"

在母亲的安慰、鼓励下,威尔玛拾起了对生活的信心。她对母亲说:"我的心中有一个梦,我想比邻居家的孩子跑得还快。"虽然明知自己的孩子腿有残疾,但威尔玛的母亲尽一切可能,帮助女儿去实现她的梦。在当时的美国,身为非裔美国人的威尔玛一家在医疗上备受歧视。母亲不得不在周末带着威尔玛搭乘巴士,到九十公里外的医院就医。母亲坚持为威尔玛治疗,她买来各种各样的草药为威尔玛涂抹,并让家人每天轮流给威尔玛的腿按摩。

在母亲的鼓励下,威尔玛坚持每天进行步行锻炼。九岁时,她终于丢掉腿支架,穿上特制的鞋站立起来,迈出了医生说她不可能迈出的第一步。两年后,她已经完全可以赤着脚走路了。母亲的坚持,培养了威尔玛不屈不挠、敢于同命运斗争的品质。威尔玛曾说:"'我不行'这几个字从来没有进入过我的词汇,与世界上的任何事情相比,我更相信我自己。"

自己能够走路后,威尔玛又产生了另一个更远大的梦想,她想成为一名优秀的女子田径运动员。十三岁那年,威尔玛决定参加学校举办的短跑比赛,她周围的老师和同学都好心地劝她放弃,但威尔玛执意参加,她的母亲也支持女儿如此做。凭着自己的毅力,威尔玛终于从学校短跑比赛的最后一名跃升为第一名。从此,她爱上了短跑这项运动。威尔玛周围的人都觉得不可思议,不理解为何她的腿一下子变得如此神奇。只有母亲知道女儿成功背后的艰辛。为了跑得更快,坚强的威尔玛每天都坚持练习短跑,甚至练到小腿酸痛时也不放弃。

敢于同命运斗争的精神最终让威尔玛获得了成功。1960年,威尔玛参加了罗马奥运会,她打败了当时最优秀的德国运动员尤塔·海涅,一个人获得了三枚金牌,这在当时的美国田径史上还是第一次。跑道上的威尔玛令众多田径专家"竞折腰",她惊人的速度、优美的跑姿、有力的弹跳,让田径专家们不得不惊叹道:"看鲁道夫赛跑,简直是一种美的享受。"她也由此获得了"黑羚羊""女欧文斯""奥林匹克小姐"的美称。

家教感悟

罗曼·罗兰说:"世界上只有一种真正的英雄主义,那就是在认清生活真相之后依然热爱生活。"尽管遭遇残酷的现实,威尔玛·鲁道夫没有失去对生活的信心,没有失去对生命价值的追求,她用坚强的毅力实现了在常人看来不可能实现的人生目标,不得不说她就是一位女英雄。而她的母亲——这位伟大的女性又何尝不是呢?

命运似乎有着神秘的强大力量,但它却是遇弱则强、遇强则弱。任何不屈服于命运的人,似乎都能得到好运气,正如威尔玛·鲁道夫一样。在孩子遭遇困境时,要引导孩子敢于向命运发起挑战。因为上帝永远不会把人逼进死胡同,总会给人留下一扇通向光明的窗口。

孩子是上天赐给你的礼物,但却不能保证每一个孩子都是健康的。当你遇到此种情况时,请不要放弃。当孩子遭遇命运的打击时,家长应该及时安慰孩子,有意识地将孩子遇到的挫折作为教育的契机,引导孩子重新鼓起勇气,向命运发起挑战。

你知道苏格拉底吗
——霍金的家教

◎ **家庭类型**
  知识分子家庭

◎ **教育方式**
  励志教育型

◎ **名人档案**
  斯蒂芬·威廉·霍金（1942—）　英国著名物理学家和宇宙学家。肌肉萎缩性侧索硬化症患者，全身瘫痪，不能发音。霍金的主要研究领域是宇宙论和黑洞，证明了广义相对论的奇性定理和黑洞面积定理，提出了黑洞蒸发理论和无边界的霍金宇宙模型，在统一20世纪物理学的两大基础理论——爱因斯坦创立的相对论和普朗克创立的量子力学方面走出了重要的一步。霍金是继牛顿和爱因斯坦之后最杰出的物理学家之一，被世人誉为"宇宙之王"。他撰写的科普读物《时间简史》畅销全世界，是广受读者欢迎的物理学著作。

◎ **名人名言**
  无论命运有多坏，人总应有所作为。有生命就有希望。
  　　　　　　　　　　　　　　　　　　——霍金

家教故事

霍金的父亲弗兰克是毕业于牛津大学的热带病专家，母亲伊莎贝尔曾于牛津研究哲学、政治和经济。这样一个学术氛围浓厚的家庭，自然从小带给了孩子们知识的熏陶。

在霍金的记忆中，家里所有的书架上都堆满了各种图书，从医学到物理学，从科普到励志，从人物传记到小说，几乎无所不有，就像一个小型的书店。对霍金家来说，书是最显眼的财产，也是最重要的财富。去他们家做客的人说，这户人家似乎从来都没有停止过埋头读书，甚至在餐桌上也会读起书来，这样的一种习惯在霍金家的一些朋友看来似乎不是无礼之举，而是奇特之举。

儿时的霍金很聪明，有着丰富的想象力和严谨的逻辑思维能力。他喜欢设计复杂的游戏，并制定游戏规则。作为医学研究者的父亲一直鼓励儿子，并对他对科学的兴趣进行引导。

弗兰克有一台望远镜，每当夜空晴朗时，他们一家就躺在房前草地上，用望远镜观察夜空，辨认星座。霍金迷上了浩瀚的星空，他常常拿着父亲的望远镜观察星星。父亲见小霍金喜欢观察夜空，就找来很多关于宇宙的书，上面画满了各种星体、星座与人物的图画。小霍金一边识字一边认真地一本本翻看。弗兰克还常常带着小霍金一起进行勘察、测量，齐尔顿领地的爱文豪灯塔是他们常常去的地方。他们常常沿着一条路边走边测量、勘察，并记下各种数据。在测量过程中，霍金从父亲那儿学到了各种理论知识。他对天文知识越来越感兴趣，这种强烈的好奇心为他以后立志于探索宇宙奠定了基础。

大概从十三岁起，霍金就已经确定目标，渴望在物理学这一领域发挥自己的特长。而父亲弗兰克尽其可能地教霍金学习数学。霍金在数学和物理学方面具有很强的直觉能力。这两门课，他不需要很努力就可以得高分。1959

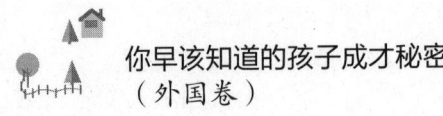

年，年仅十七岁的霍金成为牛津大学的学生。1962年秋天，霍金如愿进入剑桥大学攻读博士学位，攻读宇宙学。

可是，不幸的事从天而降。1962年底，霍金回家过圣诞节时，忽然感觉自己手脚有些不听使唤。就在平安夜，他将应该倒进酒杯的酒洒在了桌布上。研究热带病的弗兰克推测是儿子一年前在中东染上的病复发了，立即把他送到了医院。医生经过一系列的诊断，得出了一个如雷轰顶的结论：霍金患上了肌肉萎缩性侧索硬化症。这是一种十分罕见的病，国际上尚无治此病的特效药与方法。医生告诉弗兰克：你儿子正进入这种病的初期。随着时间的推移，病情很快会恶化，将影响脊椎和大脑中枢控制运动的那部分神经系统的功能，造成细胞衰老，继而全身瘫痪，最后导致呼吸器官的肌肉丧失功能，引起肺炎或窒息而死亡。

弗兰克一听到这个结果就惊呆了。这个不幸的消息是告诉儿子还是保密？父母痛苦地思考着。最后，他们认为应该把真实情况告诉儿子。如果儿子是一个坚强的人，他一定会接受这个灾难，勇敢地去面对。一味隐瞒，反而引起儿子的怀疑，不利于他面对现实。

当弗兰克把这个消息婉转地告诉儿子时，霍金的大脑一片空白。虽然这种疾病并不会影响大脑的功能。但死亡对一个生机勃勃、意气风发的年轻人来说太过残忍。霍金渴望的是能够像一个普通人那样健康地生活。他完全清楚这种病对他一生的影响，对他的前程意味着什么。他一时陷入绝望之中。他整天把自己关在黑暗的房间里，沉迷于酒精的麻醉，把瓦格纳的音乐开到最高音，使自己处于麻木状态。

在这个时候，父亲的一个问题点醒了霍金。他问霍金："你知道苏格拉底吗？"霍金当然知道死刑执行前还在读书的苏格拉底。他明白父亲的用意。苏格拉底为了科学而献身，死亡丝毫没有影响他的意志，直到生命的最后一刻还在研究问题。疾病让霍金随时面临着死亡的可能，他开始意识到了生命的宝贵，意识到自己实际上还有很多的事情要去做。于是，霍金重回剑桥，继续他的学业。从萎靡不振的状态中振作起来后，霍金明确了自己的方向，不再悲观失望,也绝口不提关于疾病的事情。他决心要获取博士学位,努力在宇宙学方面做出一些成就来。霍金说:"当一个人面临早逝的可能,就会体验到活下去是值得的。"

随着时间的推移,霍金的病情不断恶化,但这并没损害他生命的精髓和思维。最终他向世人揭示了宇宙的一系列奥秘,成为20世纪最伟大的物理学家之一,被称为"爱因斯坦的传人"。美国《时代》周刊曾评论霍金:"尽管他那么无助地坐在轮椅上,他的思想却出色地遨游到广袤的时空,解开了宇宙之谜。"

对于霍金而言,父亲的引导,让他踏上令他痴迷的宇宙研究之路。在他面临命运的严酷挑战时,父母的鼓励与引导帮助他重新燃起生命之光,最终创造了震撼世界的科学成就。父母在教育孩子时,需要呵护孩子的兴趣与好奇心,因为兴趣是一切的动力与源泉。当孩子面临挫折时,父母也应该帮助孩子自己走出困境,重拾希望与信心。

你早该知道的孩子成才秘密
（外国卷）

与孩子分享你的人生智慧
——吉姆·罗杰斯的家教

◎ **家庭类型**
　　商人家庭

◎ **教育方式**
　　智慧分享型

◎ **名人档案**
　　吉姆·罗杰斯（1942—）　美国著名投资家、经济分析师、大学教授、作家。毕业于耶鲁大学和牛津大学。现代华尔街的风云人物，被誉为最富远见的国际投资家，是美国证券界最成功的实践家之一。曾与索罗斯共同创立量子基金，以投资于商品期货闻名，有"商品大王"之称。

◎ **名人名言**
　　我并不觉得自己聪明，但我确实非常、非常、非常勤奋地工作。如果你能非常努力地工作，也很热爱自己的工作，就有成功的可能。
　　　　　　　　　　　　　　　　——吉姆·罗杰斯

家教故事

想象中的金融家，总是西装革履、不苟言笑、分秒必争，但吉姆·罗杰斯不是这样，他在十年内赚了足够多的钱让他能在三十七岁便退休享受人生，之后骑着摩托车周游世界创吉尼斯世界纪录。他不相信媒体的报道，亲自进入硝烟弥漫的国度探寻当地人真正的生活。他来到中国上海不仅是为了投资，还居住在上海的老街巷里，悠闲地吃具有当地特色的早餐。

吉姆·罗杰斯不需为如何管理巨额财产费心，他将更多的精力投入到两个可爱的女儿身上。他定居新加坡，以便女儿得到中文环境下的教育，并写下十二封信，将自己的人生智慧与之分享。吉姆·罗杰斯明确表示，写下这些文字的目的不是要让女儿们成为和他一样的投资家，而是希望她们能够更好地做自己，听听父亲对于生活的感悟，从中吸取经验教训，更好地实现自己的人生梦想。

吉姆·罗杰斯的每一封信都有独立的主题，涉及为人处世、学习生活等多个方面。这十二个主题宛若十二条人生箴言，没有空泛的大道理。吉姆·罗杰斯更注重将自己受益的经历讲给孩子们听，回忆起自己的人生历程，吉姆·罗杰斯认为最关键的两点是：勤奋与知识，这也是他向女儿分享的人生智慧中的重要部分。

勤奋是永远的美德。吉姆·罗杰斯五岁时就开始在体育场外捡拾空瓶子卖钱，六岁时在棒球赛开赛前卖饮料和花生，并非家庭困难需要小小年纪的他就为生计奔波，而是从小他就被父亲教导：只有勤奋工作才能拥有自己想要的。吉姆·罗杰斯的父亲是经历过世界大战的老兵，对于平静的生活十分珍惜，因而总是教育吉姆·罗杰斯要充分利用时间。父亲白天经营一家小企业，晚上坚持做会计。他的勤奋给吉姆·罗杰斯树立了榜样。尽管成为著名的"华尔街金童"，吉姆·罗杰斯依旧不改勤奋工作的习惯。在与乔治·索罗斯合作的时光里，他连续十年没有休过一次假，这让合伙人感叹："吉姆一个人可以做六个人的工作。"

知识是永远的财富。作为一名投资家，吉姆·罗杰斯曾提出一个"不赔钱法则"：永远不要对你不懂的东西投资，除非你真正了解你自己在做什么，否则什么也别做。吉姆·罗杰斯敢于投资，是因为他对于自己所投资的项目有着充分的了解，并对于周边环境、国际政治等相关因素有着非常丰富的知识储备。比如早年他在华尔街实习的时候，对地理的了解让他预测到智利的革命很有可能影响到铜的价格。

吉姆·罗杰斯总是教育女儿："不要受他人影响，没有人依靠'从众'获得成功。"独立思考应当建立在拥有知识、认识自己与世界的基础上。因此他教女儿阅读学习历史、哲学与心理学。说，哲学帮你辨别什么是真什么是假，让你更加了解自己；历史告诉你这世界上发生了什么、什么没有发生过，让你宏观地了解这个世界；投资者的心理会加速投资市场的走向，心理学让你更懂市场。

对于吉姆·罗杰斯来说，书本上的知识固然重要，亲身经历后获得的体会更加可贵。他也常常教育自己的学生："干什么都比进入商学院好，去学哲学或者历史，去当服务员或是去非洲旅行。"他希望学生们多接触真实的世界，了解他们将要分析的市场，而不是空泛教条地学习书本上的东西。

"不要相信媒体的报道，要走出去看这个世界。"吉姆·罗杰斯是个热爱旅行与冒险的人。在不同的国家旅行的经历，让他认识到对于某个国家的传统认识或是带有意识形态的媒体报道都是不可信的。只有自己踏上那片土地，真实地感受当地人的生活、了解他们的心理，才能算是真的"知道"，将这份亲身体验反思沉淀，获得的知识要更胜于书本。

"尽可能旅行并观察这个世界，会让你们的视野扩大好几倍。当看过广阔的世界后，你对自己及你的国家理解会更深入。接触到的不同的人，体验过不同的世界后，你对自己会有更多的认识。你会发现你从来不曾注意的兴趣所在，从而知道你的长处和短处；你也会发现你过去认为很重要的事，其实并没有那么了不起。"在写给女儿的信中，罗杰斯说："作为你们的父亲，我希望你们自愿成为一名世界公民。"

就是在这样的旅行中，吉姆·罗杰斯认识了中国，敏锐的他立刻发现了中国未来无限的发展可能，他让女儿从小学习中文，为此甚至举家迁居新加坡，还为女儿开了中国账户。"我第一次到中国的时候就预测，中国前途无量，发展就在我们的眼前上演。"

家教感悟

从牙牙学语到独立生活再到成家立业，所需要的经验和智慧，绝非十来封信所能涵盖，没有专门的教育告诉孩子应当如何长大成人、如何度过此生，就像没有专门的教育告诉家长如何教育孩子一般。父母与孩子，是在遇见彼此之后，才开始共同成长的，也应当一起翻阅、书写人生的新篇章。

家长是孩子的老师，这一身份会延续很久很久。家长的经验、体会，对世界与人的认识都是无穷尽的财富，这些智慧将会帮助孩子们更好地行走于社会中。

人格的魅力
——昂山素季的家教

◎ **家庭类型**
　　政要家庭
◎ **教育方式**
　　言传身教型
◎ **名人档案**
　　昂山素季（1945— ）　生于缅甸仰光，是缅甸提倡民主的政治家，全国民主联盟的创立人之一、主席兼总书记。她曾被军政府软禁于其寓所中长达十五年。1990年获得萨哈罗夫奖，翌年获得诺贝尔和平奖。2012年9月获美国国会颁发最高荣誉的金质奖章。
◎ **名人名言**
　　我们的精神基础就是仁爱。仁爱不可只对那些支持你的人，它也应用于那些反对你的人。

　　　　　　　　　　　　　　　　——昂山素季

你早该知道的孩子成才秘密
（外国卷）

昂山素季是诺贝尔和平奖的获得者，一直为缅甸的民主事业奋斗着。她的父亲昂山将军是缅甸的英雄，刚正不阿，为了缅甸独立而与英国谈判，被政敌暗杀。那时候，昂山素季还不到三岁。母亲是一名大使，她强忍悲痛，竭力为孩子创造一个美好的童年。在昂山素季家的附近，有高大的合欢树和棕榈树、卡拉威宫、柚木平台。湖光山色中，母亲为她朗读诗歌，有时还敲起轻快的鼓点。虽然缺失父爱，但母亲让昂山素季拥有了一个干净、透明、美好的童年，一直陪伴着她，玩耍、读书及成长。母亲为她选择的读本都是一些著名的传记。这些传记作品充满了民主自由的思想。所以，在昂山素季很小的时候，民主自由的思想便在她的心中生根发芽了。

昂山素季虽然小小年纪失去父亲，但是父亲对她的影响是十分巨大的。她的丈夫阿里克为她的文集写的序言中说道：“自幼年起，素（昂山素季）一直都有能为人民做点什么的想法。她一刻也没有忘记自己是那位领导反抗英国殖民统治、争取独立和抗击日本占领的民族英雄——昂山的女儿。”"素对父亲只有一些朦胧的记忆。但是，她所了解到的有关父亲的一切，使得她对父亲的无私无畏及其对缅甸自由民主的见解深信不疑。在牛津，素将她所能找到的关于她父亲的缅甸文、英文书籍和报刊都收集起来。从某种意义上讲，她不可避免地像她父亲一样成为缅甸人民希望和期待的象征。在女儿身上，如同在父亲身上一样，传奇与现实、言论与行动不同寻常地融为一体。"父亲的影响，母亲的教育，让昂山素季懂得了担当。在缅甸人民需要她的时候，她勇敢地站了出来。

昂山素季也有自己的家庭，有自己的孩子。她离开两个孩子回到缅甸时，大儿子十四岁，小儿子十二岁。走的时候她曾对儿子说"妈妈会回来给你过生日"，但最终她错过了孩子的生日。就这样，她离开英国回到了缅甸。这

你早该知道的孩子成才秘密
（外国卷）

一去就为缅甸的民主斗争了一生。丈夫和孩子去缅甸看望昂山素季，昂山素季让两个孩子开学就回英国去，因为当时缅甸太危险了，到处充斥着枪战与暗杀。在这样的环境里，昂山素季为了祖国选择留下来。都说大爱无言，一个母亲怎么会舍得孩子不在身边，但是为了孩子的安危，必须生生地拆开。她可以选择和丈夫、孩子回英国去，过恬静舒适的生活。毕竟在此之前的十几年，她都是这样幸福地度过的。可是对人民的爱，对责任的认识让她不得不抛弃了小家。在这之后的时间里，昂山素季没有精力也没有机会陪着孩子成长了，甚至在丈夫阿里克患癌症病逝时，昂山素季都没能回到他身边。她无法离开祖国，因为离开后就再也不可能进入缅甸了。她录了一段视频偷偷寄给了阿里克，但是当视频到达英国时，阿里克已经去世两天了，当昂山素季听到阿里克的死讯时，她哭得躺到了地板上。

昂山素季被缅甸政府军软禁了十五年。就在艰苦卓绝的抗争中，她的丈夫和孩子默默支持着她。即便孩子见不到母亲，也成长为一个正直的人。孩子从没有埋怨过妈妈抛下他们，反而尽量照顾好自己，并以妈妈为荣。

精神的影响是无形的。即使没有面对面的言传身教。昂山将军对昂山素季的影响是如此，昂山素季对孩子的影响也是如此。这种高尚的人格，渗入骨髓，不断延续。

家教感悟

相信在家庭教育中，家长很少会对孩子提起"人格"一词。它太抽象，对孩子来说还难以理解。然而，高尚的人格无疑会对孩子的成长产生积极的影响。纵观古今中外，很多伟人并没有手把手地带孩子，没有事无巨细地给孩子张罗，甚至有些人与孩子相隔万里，但是孩子还是成

你早该知道的孩子成才秘密
（外国卷）

了优秀的人。这就是常说的"虎父无犬子"。家教不仅仅是个人对孩子的教育，也是家风对孩子潜移默化的影响。

记得央视曾搞过一个"家风是什么"的调查。在采访台湾企业家黄梅邨时，黄梅邨说，家风不是说出来的。家风是一种优良品质的传承与影响，每个家庭的家风都不一样，有的家庭的家风是勤俭持家，有的家庭的家风是宽以待人，有的家庭的家风是正直、有担当。不可否认的是家风的传承正是家庭成员对下一代的影响。一种优良品质、良好人格的传承才是精神上最好的家教。

家长如果认为和孩子谈人格、谈精神太抽象，那就用高尚的人格和优秀的品质来潜移默化地影响孩子吧。孩子不仅仅会用眼睛去看、用行动去模仿，还会用心去倾听。

你早该知道的孩子成才秘密
（外国卷）

对孩子的梦想说："相信。"
——比尔·克林顿的家教

◎ **家庭类型**
　　平民百姓家庭

◎ **教育方式**
　　赏识教育型

◎ **名人档案**
　　比尔·克林顿（1946—）　美国律师、政治家，美国民主党成员，曾任阿肯色州州长（1979年—1981年，1983年—1992年）和美国第四十二任总统，也是自富兰克林·罗斯福总统以来首位连任成功的民主党总统。他将低迷的美国经济带上了恢复发展之路。他还为控制全球变暖做出了一定的贡献。

◎ **名人名言**
　　今天与明天是属于自由的，不是恐惧！
　　　　　　　　　　　　　　　——比尔·克林顿

家教故事

当孩子对家长说我想做什么时，常常听到的是"别做白日梦，好好读你的书"，或者"也不拿镜子照照你的样子"等等挫伤孩子的话，将孩子的梦想扼杀在了摇篮之中。然而一个人，特别是一个孩子，应当拥有做梦的权利与勇气，还有实现梦想的无限可能。这个梦想，需要父母的呵护与支持。

想象一下，一个没有家庭背景也没有任何特殊天赋、生活在贫困线上的十五岁少年，对你说他要做总统的时候，你会是怎么样的一种心情吧！你会笑他年轻气盛不知天高地厚，还是叹他涉世未深，劝他"洗洗睡吧"？而这个少年的母亲，微笑着对他说："孩子，我相信你能行。妈妈也曾有这样的梦想。只是当我觉得我做一个让病人喜欢的护士更合适时我就放弃了。现在，对你来说，也许正是实现这个梦想的最好时机。"

这个少年就此开始追逐自己的政治梦，并最终成为美国第四十二任总统，他就是比尔·克林顿。诚然，他不是一个人格完美的人，但是瑕不掩瑜，他是耶鲁法学院和牛津大学的高才生、"美国最年轻的州长""最受欢迎的美国前总统"之一。他任职的八年中，美国经济持续繁荣、股指屡创新高。这一时期被誉为"黄金八年"。离任后，他出自传、建立基金会、进行世界巡回演讲、仅收一美元象征性的年薪担任海地特使、帮助夫人竞选总统，克林顿的人生充满了光彩与辉煌！

而谁能想到，他生父早逝，母亲弗吉妮亚改嫁后长期被继父的家庭暴力所困扰。十五岁立志做美国总统的时候，克林顿全家还因沉浸在因继父嗜酒好赌的恶习所带来的贫困与艰难之中。在如此艰难的时期，对儿子这个看起来有点"不靠谱"的梦想，母亲弗吉妮亚一挺到底。弗吉妮亚不但肯定、支持儿子，并且鼓励他不要因为任何事对自己失去信心。克林顿曾说："母亲教我永远不要放弃，永远不要屈服，永远不要停止微笑。"无独有偶，据说"登月第

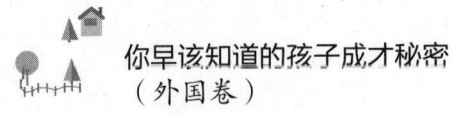

一人"的阿姆斯特朗还是个孩子的时候非常调皮。有一次在空地上蹦蹦跳跳,正玩得开心。母亲问他你在做什么,孩子的眼睛闪闪发光,指着月亮说:"妈咪,我要跳到月亮上去。"妈妈笑起来,温柔地说:"好呀,但是千万记得要回来哦。"

电影《当幸福来敲门》中有一段经典对白。威尔·史密斯扮演的父亲穷困落魄到只能带着儿子睡在公共厕所里的时候,依旧坚持自己的梦想并为之奋斗。他对儿子说:"亲爱的,记住不要让任何人否定你的梦想!谁也不能否定你的梦想,哪怕是我也不能。"想来这位父亲与克林顿的母亲弗吉妮亚一样,都是坚强、勇敢的人。即便自己深陷困境,也不愤世,也不自弃。

人之难能可贵,就是在历经世事之后仍能保持信心与天真,始终愿意做梦,愿意热泪盈眶。孩子的未来有无限的可能,怎能因为你不梦想,就阻挡他去梦想?

有了梦想,自然要努力追逐和实现它。克林顿以优异的成绩进入高等学府深造,后成为律师,逐步进入政坛,不断向着美国总统之梦奋斗。因知识水平与家庭情况所限,很难说弗吉妮亚在克林顿筑梦路上提供了什么有力保障和有效引导,但是在克林顿从政的路上,这位母亲从未缺席过任何一次竞选,即便身患乳腺癌也不能让她停止。从1974年克林顿第一次参加国会议员的竞选开始,她参加了他的每一次选举。她的生活与孩子的梦想紧紧地连在了一起。她的车上装满的,是各种竞选要用的东西,诸如小徽章、钉子、旗子、张贴品之类的。她穿梭在城市与乡村,向每一个愿意给她一分钟时间的人交谈。她说:"我喜欢敲开人家的门,告诉那些人,我的儿子将成为一位非常棒的州长。"遇到不友好的人时,她就想法说服他们,甚至有一次被一个反对派的农夫放狗咬伤也毫不在意。

这位聪明可爱的母亲在病中也染发、打扮,面对镜头谈论最有趣的时事。她不但是克林顿竞选的助手,更是克林顿必胜信念的有力支持者。1992年克林顿向当时的美国总统老乔治·布什发起挑战,这时克林顿只是一个政坛新人,而老布什则是绝对的"老江湖",正因海湾战争而名动天下。在这种不利情况下，弗吉妮亚不断地鼓励克林顿，提醒他不要放弃自十五岁起就为之努力的梦想："不要放弃你想要的，不要忘记你的梦想。"克林顿也曾说自己继承了母亲的斗争精神——永远都对自己有信心，永远都争取做得最好。

虽然没有金钱铺路也没有背景撑腰，但弗吉妮亚对克林顿的精神支持正是他们母子连心的关键之处。父母能给孩子的远比父母想象的更多，物质堆砌的城堡总有不太坚固的建筑材料，而精神信念与意志品质才是永不坍塌的支柱。

在1992年民主党全国代表大会上，聚光灯打在弗吉妮亚身上，全美国的目光也集中在她身上，走上阿肯色州代表团的讲台，这位年近七旬的母亲坚定而自豪地说："阿肯色骄傲地投上我们的四十八票，给我们最宠爱的儿子，也是我最宠爱的儿子，比尔·克林顿！"

这是第一个在台上宣读提名自己儿子选票的母亲。而她对克林顿梦想的支持、鼓励、陪伴，就是他最为重要、最为关键的那张选票。

不要小觑孩子的梦想。

梦想是一个人追求的目标，孩子的梦想就是他们为自己的人生设立的最初的标杆！罗曼·罗兰说："人生最可怕的敌人，就是没有明确的目标。"人生最幸运的事，就是有一个奋斗的方向！1953年，美国耶鲁大学对毕业生进行了一项长达二十多年的调查。当毕业生被问及是否有清楚明确的目标以及书面计划时，只有百分之三的学生做了肯定的回答。二十年后跟踪调查发现，做出肯定回答的那百分之三的学生，无论是生活状况还是财务状况，都远高于其他百分之九十七的学生。孩子把

你早该知道的孩子成才秘密
（外国卷）

自己的梦想种在遥远的月亮里，纯洁美好，总是需要仰头遥望才能看到。父母要做的，不是把他们扬着的头按下去，而是在孩子心中种下一棵"杰克的魔豆"，让藤蔓从心里长到天上，教他们向着梦想不断攀爬。

当孩子提出自己的人生梦想时，家长要做的就是认可、赞同。

当孩子在为人生梦想而奋斗时，父母的精神鼓励、行动支持，是孩子前进的巨大推动力。

你早该知道的孩子成才秘密
（外国卷）

没有"天生的硬汉"
——普京的家教

◎ **家庭类型**
　　平民百姓家庭
◎ **教育方式**
　　独立自主型
◎ **名人档案**
　　弗拉基米尔·弗拉基米罗维奇·普京（1952—）　2000年当选为俄罗斯总统，2004年赢得连任，2008年出任俄罗斯总理，2012年再次当选为俄罗斯总统。他是俄罗斯政治圈的核心人物，政治手段和作风很强硬，被誉为"铁腕总统""俄罗斯最有魅力的男人"。在法新社评选的2014年度最重要和最具影响力人物榜中领衔榜首。
◎ **名人名言**
　　人首先应当遵从的，不是别人的意见，而是自己的良心。

　　　　　　　　　　　　　　　　　　　　——普京

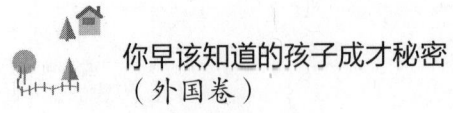

作为一个政界领导人,普京总是能带给全世界"惊喜":多次连任,面对反对的声浪毫不畏惧,气场强大;在国际峰会上,他不满某国领袖的政治观点和冗长发言,在全世界的摄像机前玩儿起了手里的圆珠笔;参加环保组织的活动,裸着上半身骑马,一身肌肉线条硬朗匀称;间谍出身,柔道和拳击技术一流;边境动乱时他亲自开战斗机前往侦察,也曾开飞机协助扑灭森林大火;他弹得一手好钢琴,表演唱歌的学生失误时他自然地继续演唱为其解围,还曾在嘻哈音乐比赛节目中为选手颁奖……

普京在自己的本职工作上也颇为"硬汉"。他在竞选时立下誓言:"给我二十年,还你一个奇迹的俄罗斯。"在他的任期内,俄罗斯的人民生活水平普遍提高,俄罗斯的国际地位也显著提升,话语权增多,对外贸易也发展得更好了,人民都相信他、爱戴他。尽管国际不同媒体对这位铁腕总统的评价有褒有贬,但普京的硬汉作风已经被所有人接受。

如此硬汉,令很多人好奇他的成长经历。普京生于动荡年代。他的父母经历了可怕的战争,曾险些丧命。他们都靠着做体力活赚钱养家,生活清贫。但在当时的俄罗斯这已经算是很不错的了——能够活下来已实属不易。老来得子的普京父母极其宠爱儿子,在艰苦的环境下尽可能地给他最好的生活和教育。

普京非常调皮。母亲生怕他出危险,不许他离开院子出去玩儿。但即便是在小小的院子里,普京也能"大闹天宫":爬树上房已是常事,动不动与其他男孩子打架,还曾捣乱搞得四周邻居忍不住向普京父母投诉。母亲觉得调皮是他的天性,强加约束只能适得其反,并没有责打训斥他,只是将他送入学校,希望他能学到更多东西,变得懂事起来。

可在学校,普京也是个令老师头疼的"混世魔王":不好好读书,考试时东张西望，贪玩偷懒，成绩自然也好不起来；普京还喜欢跟小混混在一起玩，学他们的打扮和举止。相貌出众又很会"耍酷"的普京还非常讨女孩子喜欢。

绝大多数的老师都认为他会学坏，成不了大器，但班主任却觉得不然：尽管普京玩世不恭，却很懂礼貌，对老师、长辈很是尊敬；普金很有爱心。一次，看到一家人要淹死刚出生的小猫，他第一个冲过去将小猫救出水桶并给它们安家；他还颇有侠义之风，答应别人的事从不反悔，也不撒谎骗人。在有的老师看来，普京只是比别人好斗、要强，并不是一个坏孩子。相反，这一点如善加引导，说不定能成大器。

普京的母亲有相同看法，她依照普京的喜好送他去学拳。学拳之路十分艰苦，疼痛和疲惫是最常见的状态，教练不会因为学生是个小男孩就允许他犯错，体罚也是常有的事。俄罗斯被戏称为"战斗的民族"，可见这个民族的斗争精神。普京身上完美体现了这样的精神。天生要强的他凭借惊人的意志力，坚持完成了日复一日的艰苦训练。学拳的经历磨掉了他的顽劣，让他变得更加坚毅，也令他长大了不少。

但普京好斗的天性没有改变。据普京的朋友回忆，虽然读书时的普京个头不高，力气也算不上大，但他绝不允许别人侮辱自己。如果有人挑衅他的底线，哪怕对方块头再大，他也要扑上去教训对方。成年后成为一名克格勃间谍的普京则说："就算明知没有胜算也不能畏惧，一旦确定了底线就要拼死捍卫。这一点不是间谍生涯教给我的，而是更小的时候我就体会到的。"

普京受欢迎的原因，除了他的执政手段令人折服，其个人魅力也是重要原因。他从一个平民成长为一名优秀间谍继而成为最高领导人的过程本身就是传奇，加之他的经历就好像每个顽皮的男孩子一样，更令人觉得亲切。"他和每个平凡的俄罗斯人一样，他就是我们的一员。"一位传记记者这样写道。硬汉普京不是天生的，如果没有学拳的经历和母亲、老师的教导，或许他的好斗要强只能给他带来无止境的麻烦。他将生命中的戾气通通打磨掉，剩下的，便是男人的坚毅。

你早该知道的孩子成才秘密
（外国卷）

  一位人大代表曾忧心忡忡地指出社会中的"男姑娘"越来越多，孩子们不论性别，都被教育成乖巧听话的样子，遇到问题就哭着找爸妈，男孩也像女孩一样脆弱，缺少倔强、坚强、活泼的性格。这不由令人担心，这样的男孩长大了，如何能承担家庭、社会赋予他的责任呢？

  教育不是雕刻，而是引导，家长不要为了自己"方便管理"，而一味地要求孩子"听话懂事"。要重视每个孩子的本性，允许他们犯错，引导他们、鼓励他们。要知道，在未来的社会，"坚强""创新"和"勇敢"的重要性和价值，远胜于"听话""懂事"和"乖"。

  父母不能期望孩子一夕之间成熟长大，不应当用同一个标准去衡量"谁是好孩子"，也不应当用统一的准绳束缚孩子的天性。只有给孩子磕磕绊绊独自走路的机会，允许他们顽皮、犯错，让他们能够发挥天性中的优势，才能培养出有个性的、独一无二的孩子。

你早该知道的孩子成才秘密
（外国卷）

母亲永远都是我伟大的老师
——朴槿惠的家教

◎ **家庭类型**
　　政要家庭

◎ **教育方式**
　　言传身教型

◎ **名人档案**
　　朴槿惠（1952—）　韩国第十八届、现任总统，韩国第三任总统朴正熙的长女。她一生坎坷，父母双双遇刺身亡，为了完成父亲未竟的事业，她誓言打破韩国政坛的男性统治，并于2012年成功当选为韩国"第一女总统"。她开创了五项韩国选举的纪录——第一位女总统，第一位第二代的总统（父女总统），第一位得票过半数的总统，第一位未婚总统，第一位理工科出身的总统。韩国媒体将她称为"嫁给韩国的女人"。

◎ **名人名言**
　　冰，是坚硬万倍的水。结水成冰，是一个痛苦而美丽的升华过程。
　　　　　　　　　　　　　　　　　　——朴槿惠

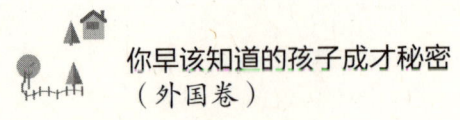

2012年12月19日,执政党新国家党总统候选人朴槿惠以高达百分之五十一点六的得票率当选为总统。这位曾经的"冷公主",在阔别青瓦台三十多年后,迈着从容的步伐、带着淡定的神情回来了。

朴槿惠一生承受了很多的分离与痛苦。1974年8月,朴槿惠母亲陆英修被刺杀朴正熙的枪手杀害;1979年10月,朴槿惠的父亲朴正熙被韩国中央情报局的金载圭枪杀;而2006年5月,朴槿惠在首尔被一男子用刀割伤了脸,伤势严重。然而遭遇不幸坎坷的朴槿惠却坚强地挺住了。在她竞选总统时,她的竞选宣言——"我没有父母,没有丈夫,没有子女,国家是我唯一希望服务的对象",感动了无数人。

这样一位传奇女子,在她的成长轨迹中,对她影响深远的莫过于她的父母,尤其是她的母亲——陆英修女士。时至今日,朴槿惠的母亲陆英修仍然被评价为韩国历史上最伟大的女性之一。在朴槿惠心中,母亲是自己的偶像与榜样。她曾说:"母亲就是勤奋、坚忍和诚实的化身。"正是在母亲言传身教的影响下,朴槿惠继承了母亲的优良品质,并将其发扬光大。

身为总统的子女,朴槿惠和两个弟弟从小就接受着母亲严格的教育。母亲经常会告诉他们哪些可以做,哪些不准做,并避免让他们养成特权意识。

朴槿惠一家人住在青瓦台,但他们和普通人并没什么不同。在朴槿惠上小学时,由于就读的小学离青瓦台较远,需要专车接送。母亲为了避免特权,把朴槿惠送到了她外婆家,以方便她上下学。从小在母亲严格的家庭教育下成长起来的朴槿惠,也成为一位如她母亲一样的没有特权意识的人。在留学法国时,她没有像其他总统的女儿一样单独居住,而是住进了学校的集体宿舍。这在现在看来似乎都是令人不敢相信的事情。

陆英修对朴槿惠的影响不仅是在对她的教育上,还在于陆英修女士本人所具备的崇高品质上。她自己本身就足以作为朴槿惠学习的典范。

陆英修女士是一个朴实的人。在朴正熙担任总统期间，他们青瓦台的家里连一件华丽的家具都没有，家中客厅、卧室的装饰品也都是一般的实用性物品。当陆英修女士去海外出差时，她也很少购物，仅仅买过几把汤匙，甚至连礼物都没给孩子们买过。朴槿惠为母亲的这种朴实品质而感到自豪，她自己也彻头彻尾受到了母亲的影响。在她现在的家中，她也只是按照自己喜欢的风格进行了简单的装修。

在国人眼中，陆英修女士是像仙女一样存在的第一夫人。见到晕倒在路上的孩子，她会主动将他们带到青瓦台，为他们洗澡、剪完头发后，再将他们送回家中。在家里，陆英修既是慈祥的母亲，还是孝顺的儿媳。每天即使很晚回家，她也会到婆婆的屋里陪婆婆说说话，逗婆婆开心。

陆英修的这些崇高品质都毫无保留地传给了自己的女儿。1974年，陆英修女士遭到暗杀。这个噩耗使还在法国留学的朴槿惠受到痛彻心扉的打击。但如母亲般坚忍的朴槿惠在悲伤过后，接受了母亲的突然离去赋予自己的新使命。二十二岁那年，她成为韩国的"第一女儿"，基本上代行了韩国"第一夫人"的职责。而母亲曾经的教诲也给了她精神上的支持。她在担起这份重任后，曾多次拜读母亲生前写的《被雕琢的信念》。朴槿惠说："最近一直在琢磨如何履行这个重任的问题。今天却惊奇地发现自己的想法竟然同母亲完全一样。我认为勤奋本身就是成功人生的一个境界。母亲也讲过'成果固然很重要，但是为获取那个成果而付出的辛劳更为重要'。"

在母亲言传身教的影响下，朴槿惠逐渐地成长起来。由曾经的总统之女变为今日的韩国总统。这中间，有太多的辛酸、曲折、磨难，但朴槿惠都扛过来了。如今，这位有着优雅外表、坚韧性格和不凡能力的女总统得到了韩国人越来越多的喜爱。而她被人所称赞的善良、真诚、朴实等品质，正是母亲传给她的。

朴槿惠曾说："不管是母亲生前还是去世以后，母亲永远都是我伟大的老师。"在母亲言行的影响下，朴槿惠懂得了做人的道理，拥有了崇高的人格

品质。这些都帮助了她,使她的政治生涯更加精彩。

  学者詹姆斯·鲍德温说:"孩子们从来就不善于听长辈的话,但他们从来不会忘记模仿长辈。"如果家长把对孩子的教育全部扔给学校,只顾忙自己的事情,对孩子不以身作则。那么,就算孩子在学校受到良好的教育,也会被家庭的不良环境所抵消。为了让孩子更好地成长,家长与其威逼、吓唬或空洞地说教,不如像陆英修女士一样,自己做孩子的楷模,起好带头的作用。

  家长对孩子的影响是巨大而深远的。

  父母的言行举止都会影响孩子。因此,父母应该注重自己品格的提高。父母在教育孩子时,还应当以身作则,成为孩子学习的榜样。

你早该知道的孩子成才秘密
（外国卷）

谁说女子不如男
——阿里·布托的家教

◎ **家庭类型**

    政要家庭

◎ **教育方式**

    家族传统型

◎ **名人档案**

    阿里·布托（1928—1979）　巴基斯坦总统（1971—1973）。在英国获律师资格。1963年任外交部部长。1967年创建巴基斯坦人民党，任主席。1969年推翻阿尤布·汗。1971年任总统兼军法管制首席执行官。1973年改任总理兼外交部部长。推行西方民主和土地政策、经济国有化。著有《独立的神话》《巨大的悲剧》《第三世界：新的方向》等。

◎ **子孙档案**

    贝娜齐尔·布托　巴基斯坦总理（1988—1990，1993—1996）。阿里·布托的长女。毕业于美国哈佛大学和英国牛津大学。1976年回国后任职于外交部。1977年—1982年间曾八次入狱。1986—2007年任巴基斯坦人民党两主席之一。1988年当选总理。后以"腐败"为由被解职。1993年再任总理。著有自传《命运之女》。

你早该知道的孩子成才秘密
（外国卷）

◎ 名人名言

我们的女儿没有必要穿罩袍。让人们不是以她的穿着，而是以她的品格与思想来评价她吧。

——阿里·布托

巴基斯坦前总理贝娜齐尔·布托——这位戴着面纱，粉面含威，被称为"现代版蒙娜丽莎"和"铁蝴蝶"的女人，在混乱的巴基斯坦政局中得到一席之地。人们感到困惑的是，为什么在巴基斯坦这样一个重男轻女现象比较严重的国度能出现贝娜齐尔·布托这样杰出的女政治家呢？这其中的原因是多方面的，其中她父母的教育和引导起到了关键的作用。

1953年6月21日，贝娜齐尔的出生给布托夫妇增添了无限欢乐。他们把贝娜齐尔视为掌上明珠，称其为"萍姬"；起名"贝娜齐尔"（在乌尔都语里意为"独一无二"）。

重男轻女的思想观念在巴基斯坦根深蒂固，然而布托家是一个例外。布托夫妇都接受过西方教育，具有现代意识。他们重视对女儿的培养，极力为她营造自由成长的环境。重视教育是布托家族的传统。祖父虽是信德省的大地主，但却比那些只知世代承袭土地的地主们进步得多。他认识到教育的重要性，认为只有通过教育，提高人的素质，社会才能不断发展进步。为此，他送儿子出国留学，使之接受了良好的教育。

如同父亲对待自己一样，阿里·布托也让自己的子女接受好的教育。贝娜齐尔三岁时，就被送进当地有名的詹宁斯女子幼儿学校，接受早期教育，进行智力开发。五岁时，贝娜齐尔被送进卡拉奇的耶稣和玛利亚女修道院学习，她在那里学完了小学课程。1969年，她顺利进入哈佛大学修读比较政治学。1973年秋，她前往英国牛津大学学习，并以优异的成绩毕业。

阿里·布托对子女的教育非常严格。工作的繁忙并没有影响他对子女的关心和教育。无论在世界的什么地方，他总要打电话询问孩子们的学习情况，叮嘱他们一定要把学习抓好。作为对学校教育的补充，他为孩子们聘请了一位英籍家庭女教师，每天学校放学后为孩子们讲授数学和英语。为了使孩子们全面发展，布托还在每天的课后，请阿訇来家讲解宗教和经文。

此外，布托夫妇特别注意培养孩子们的独立生活能力，认为这是他们今后安身立命的基础。贝娜齐尔从小培养起一种独立精神与责任感。在她四岁时，父亲被任命为巴基斯坦共和国驻联合国代表团成员，前往美国纽约工作；母亲也时常陪同父亲外出。于是每当父母远离家门时，贝娜齐尔便责无旁贷地担负起照顾弟弟妹妹的责任。八岁时，贝娜齐尔把母亲给她用来买东西的钱精心地加以支配，每天晚上都跑到厨房煞有其事地跟管家一起算账。虽然这只是孩提时代的一种游戏，但对把它看得极为认真的贝娜齐尔来说，却是一种增强自立能力的极好锻炼。

按照巴基斯坦传统习俗，女子到了一定年龄，就得穿上黑罩袍。当母亲将黑罩袍穿在贝娜齐尔身上时，被父亲看见了。父亲严肃地对母亲说："先知说过，最好的回避是眼睛的回避。我们的女儿没有必要穿罩袍。让人们不是以她的穿着，而是以她的品格与思想来评价她吧。"这样，贝娜齐尔成为布托家族中第一个不必在黑暗中度过一生的女人。

为了对贝娜齐尔进行全面的培养，父亲总是鼓励她多了解一些世界，并不时带她外出旅行或出席各种活动，以增长见识，接受政治和外交的熏陶。1963年11月22日，美国总统约翰·肯尼迪遇刺身亡。这一震惊世界的事件发生时，贝娜齐尔正好与父亲在旅行途中。父亲得到消息后，立刻叫醒熟睡的贝娜齐尔，急切地告诉她这一消息，并让她坐在自己身旁，与自己一起听取有关约翰·肯尼迪遇害的最新公报。贝娜齐尔当时只有十岁，虽然还不能完全弄懂

你早该知道的孩子成才秘密
（外国卷）

这件事情的含义，但在她的意识里，已对政治生活的残酷无情有了初步认识。她开始关注动荡不安的世界局势，对世界政治的变化产生了兴趣。

1968年，阿里·布托被阿尤布·汗政权逮捕入狱。此时，贝娜齐尔正面临大学升学考试。父亲身陷囹圄，但仍牵挂着长女的学业和前途。他在狱中给贝娜齐尔写信，为女儿开列了文学和历史的相关书目。他想让女儿从学习中汲取营养，培养和锻炼政治才干，树立远大政治抱负。他在信中还鼓励女儿说："我非常自豪能有这么一个聪明的女儿，十五岁就考上大学了，比我那时还小三岁。照这个速度，你或许会成为总统的。"

知女莫若父。阿里·布托的这个预言二十年后成为现实。1988年12月，年仅三十五岁的贝娜齐尔·布托便当选为巴基斯坦总理，比她父亲担任总统时还小八岁。

家 教 感 悟

如今，中国已经摒弃了男尊女卑的陋习，但我们也不得不承认传统观念的力量是强大的，有的人对男女的期待依旧是不同的。阿里·布托作为一个伊斯兰国家的领导人，能放飞女儿的本性，这种见识实属难得。而贝娜齐尔·布托的成就也证明了女性也能取得男性那样的、甚至超越男性的成就。

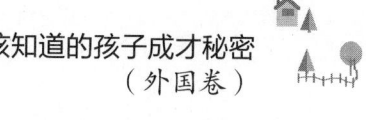

优秀是不分种族的

——赖斯的家教

◎ **家庭类型**

　　知识分子家庭

◎ **教育方式**

　　勤奋努力型

◎ **名人档案**

　　康多莉扎·赖斯（1954—）　美国政治家，美国第66任国务卿。她是美国历史上第一位就任此职的女性非裔美国人国务卿和第二位女性国务卿。在美国总统乔治·沃克·布什的第一任期间，赖斯任职国家安全顾问。她是就任此职的第二位非裔美国人和第一位女性。

◎ **名人名言**

　　我在生活中保持了平衡。我不是一个工作狂，我也有休闲时光。

　　　　　　　　　　　　　　　　　　　　　　　——赖斯

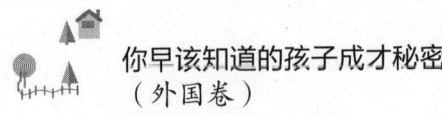

现在我们都知道美国有个黑人总统奥巴马,他是美国历史上第一位黑人总统。但在他之前,美国还有一位黑人担任过国务卿,而且还是女性,她就是康多莉扎·赖斯。这在还存在种族歧视而且是男权至上的美国简直不可思议,但她做到了,而且还做得十分出色。

康多莉扎·赖斯出生在种族隔离制度盛行的伯明翰。和那里的很多黑人儿童的悲惨命运不同,赖斯从小就受到了良好的教育,在家人的保护下顺利长大,并凭借个人的努力获得了成功。

赖斯家坚信这样一条真理:黑人的孩子只有做得比白人孩子优秀两倍,他们才能平等;优秀三倍,才能超过对方。父母告诉赖斯,在伯明翰以外有更多的机会,如果她勤奋学习,力争上游,就会得到回报。"你可能在餐馆里买不到一个汉堡包,但也有可能当上总统。"

父母的话对赖斯的一生产生了非常巨大的影响,因为她真的按照父母说的那样,比别的孩子付出了更多的努力。我们无法选择出身、种族,但我们可以选择后天是否勤奋。纵观历史上的伟大人物,有几个又是一生顺遂的呢?那些伟人都是经历过常人难以想象的磨难才具有超人品格的。贝多芬曾说:"只有流过血的手指才能弹出世间的绝唱。"只有经历过真的苦难才有资格具有常人难以企及的高度。

在大学里,一堂国际事务课改变了赖斯的命运。那堂课的主讲者是约瑟夫·克贝尔,主题是列宁的继承者斯大林。赖斯突然发现,"苏联政治居然那么有意思",她说:"俄罗斯让我从音乐中跳了出来。"从此她开始专攻政治,这也为她走上政坛打下了基础。

作为一位国务卿,不仅需要具备出色的政治头脑,还需要独特的个人魅力。赖斯的母亲是一位钢琴教师,赖斯从幼年时起就开始接受母亲孜孜不倦的

你早该知道的孩子成才秘密
（外国卷）

音乐教育。很快，她就坐在教堂里母亲弹琴的凳子旁，开始了母女合奏。十四岁时，她就能熟练地演奏不少曲子，开了第一个独奏会。除了钢琴，赖斯在运动方面也很有天赋，网球和花样滑冰玩得都很出色。她每天早上四点半就起床，去溜冰场练习步法，从旋转、侧滑、前冲、穿越、踮脚到组合动作和双人滑她都做得非常棒。儿时的她受父亲影响，对美式橄榄球十分着迷。她曾经开玩笑地说，如果能够当美式橄榄球联盟的主席，她宁愿不当国家安全顾问。

赖斯的父母教育赖斯不仅要勤奋努力，而且不要忽视自己的兴趣爱好。现在许多父母为了让孩子考上好学校，一味要求孩子只能学习，回家就是做作业，不许孩子做任何和学习无关的事，怕耽误时间，其实这会使孩子感觉压力大，得不到放松，对他们以后的成长没有半点好处。如果孩子只知道死读书，那他们只是一个考试机器。我想没有父母希望看到孩子成为缺乏活力的人。

在美国，从来没有一个黑人妇女能掌控如此大的权力。2001年赖斯成为美国历史上第一位黑人国家安全事务助理时，《纽约时报》称：赖斯的青云直上，能让在"待在监狱会比在某个公司的董事会中任职更有前途"这种信仰下成长的一代美国年轻黑人明白，"黑色力量"意味着什么。2005年2月赖斯接替鲍威尔成为美国国家安全顾问，美国年轻黑人更是瞪大了眼睛。

　　通过赖斯的故事我们可以看出，赖斯并没有因为她是黑人而却步，父母从小的教育使她相信：努力是有回报的。因此，赖斯非常独立和自信。这对做父母的很有借鉴意义，父母应该鼓励孩子勇敢追求梦想并为之而奋斗。

　　肤色不代表什么，种族也不代表什么，是金子到哪里都会发光的。

你早该知道的孩子成才秘密
（外国卷）

一个真正优秀的人在哪里都会有所成就。那些外在的不尽如人意的东西不能阻碍一个人进步，相反会变成动力，促使你付出更多的努力。美国现在也有越来越多的华裔政治家、企业家，他们在美国得到了认可并且获得了成功。

当孩子有了一个梦想以后，父母所能做的应该是告诉孩子要付出汗水与坚持，同时尽力帮助孩子去实现梦想。孩子在成长过程中会接触不同方面的事物并确定其梦想，如果孩子真的对一个梦想很执着，父母应该鼓励、支持而不是加以阻挠，然后找出实现梦想的距离，付出比常人更多的努力。因为，拥有一个梦想很容易，但坚持不懈地为之奋斗却很难。在这一过程中，父母的作用是十分关键的。

要鼓励孩子追求不一样的人生，外在的制约并不能阻止一个人成功。一个真正优秀的人在哪里都会成功。

你早该知道的孩子成才秘密
（外国卷）

积极主动，全力以赴
——比尔·盖茨的家教

◎ **家庭类型**

    知识分子家庭

◎ **教育方式**

    独立自主型

◎ **名人档案**

    比尔·盖茨（1955—）　美国著名企业家、软件工程师、慈善家以及微软公司的董事长。在二十岁时创办了微软公司，三十一岁时荣登世界首富。由于Windows系统庞大的普及面，比尔·盖茨广为世界所知。2008年，他告别微软正式退休，专心致力于慈善事业。

◎ **名人名言**

    一旦做出决定就不要拖延。任何事情想到就去做！立即行动！

——比尔·盖茨

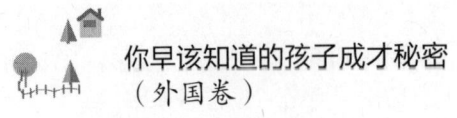

比尔·盖茨成名后，人们总爱询问比尔的父母，世界首富是如何培养出来的？有什么秘密吗？对于老比尔来说，培养孩子不是制定战略然后按部就班的行动。相比之下，教育孩子懂得积极面对生活、全力以赴支持孩子的梦想，才是父母最应当作的事。

比尔·盖茨出生在西雅图的一个知识分子家庭。父亲是一名出色的律师，母亲曾任教师，后致力于慈善事业。父母都与许多商界名人有着不浅的交情，并热衷于社会公益事业，虽然工作非常忙碌，但仍然十分重视家庭生活的乐趣。比如不论多忙，家庭成员必须在周日晚上共进晚餐，又或者平安夜一家人围炉夜话时要穿同一色系的睡衣，一起做游戏。比尔·盖茨的父亲总是严谨寡言，而母亲则扮演着活跃气氛的角色，总有无限精力组织全家共同进行某项活动，将积极的生活态度展现给每一个孩子。不论是生活中的小事情，还是工作之中，她都将"积极"诠释得十分完美。她带着孩子们一起画画，制作圣诞贺卡，让孩子们体会自己动手的乐趣。她曾走进单亲家庭帮助孤独的孩子重建生活，也曾为无法进学校读书的孩子辅导功课。后来成为联合慈善总会的第一位女性领导人，致力于儿童慈善事业。玛丽的言传身教，极大地影响了孩子们的性格与对于公共事业的态度，比尔·盖茨与妹妹永远忘不了母亲站在街头举牌支持教育征税运动的场景。与母亲共同参与公共事业的经历，让比尔对于社会的了解比同龄人更深，看问题也有自己独到的见解。

玛丽和老比尔总要求孩子们积极主动，独立自主，像每一个父母一样，他们也有些"强制"手段。成年的比尔·盖茨总是风趣幽默，带着一点IT男特有的狡黠和犀利，在各类公众场合中展现他绝佳的口才和头脑，很难想象这都是母亲玛丽"逼"出来的。比尔是家里唯一的男孩子，从小他就与姐姐、妹妹的活泼开朗不同——总是坐在一边，看书或者发呆。虽然支持他大量阅读，但这个内向与不善言辞的比尔令母亲玛丽非常担心:"我怕他会成长为一个不懂生活的书呆子!"此后,家里每次聚会玛丽都要求比尔担任"接待员":比尔需要穿戴整齐地站在门口,向每一位来宾问好,帮助他们提东西并引导他们入座,最关键的是,要始终保持微笑。

十二岁的比尔与父母争执的事情很多,但焦点只有一个:他希望证明自己已经长大,可以决定自己的未来。玛丽与比尔一次激烈的冲突之后,老比尔决定向心理医生求助。听医生的分析后,老比尔意识到,儿子比同龄人早熟许多,而且他的确做到了父母希望的独立自主,"他的人生迟早要交给他自己掌握,我们应该放手,给他自由"。之后他们将比尔送入一所私立学校——湖畔学校。在这里,比尔第一次接触到电脑,对此产生了极大的兴趣,也为未来的创造奠定了基础。

老比尔在书中写道:"我深信我的孩子们之所以能取得今天的成就,关键因素就是他们的妈妈和我对他们毫无保留的爱和永远的支持。"对儿子的性格和兴趣有了深入的认识之后,老比尔和玛丽做了许多令其他父母无法接受的决定:允许十三岁的比尔夜不归宿,在华盛顿大学的机房里研究计算机;花费一笔当时的"巨款"为儿子购买计算机,尽管当时的计算机是普通家庭根本用不到的东西;同意儿子"离家出走",到其他地方去体验学习。父母也支持儿子白手起家,同意他从世界第一流学府哈佛退学,搬家到新墨西哥开创微软事业。

作为一名出色的律师,老比尔有着丰富的社会阅历和人脉积累,他甚至用绝佳的口才说服比尔的好朋友斯蒂夫·鲍尔默与比尔一起开创微软。老比尔用自己的人脉积累,为儿子介绍了许多生意。在年轻人白手起家时,用自己的信誉为他们做担保。当微软开始起步,却遭到官司缠身时,这位资深律师又成为微软公司的法律顾问,为微软清除前进路上的障碍。

玛丽则给儿子创造了更重要的机会,在微软起步时,玛丽将这家小公司介绍给了当时的企业巨头IBM,并担任推荐人,为微软和比尔·盖茨博得了IBM董事们的好感。她的好人缘也为儿子赢得了结识巴菲特等商业名流的机

会，为比尔的事业发展起到了很大的帮助作用。

父母全力以赴的支持让比尔更有信心和实力将自己的公司做大做强。他与父母的关系也越发亲密融洽，将公司搬回西雅图，就是为了能与父母更多地相处，继续"每周日一定要共进晚餐"的家庭传统。

比尔与他的姐妹们回忆起父母时总会充满感激之情。是父母给了自己坚实的根基和飞翔的翅膀。"在我们年轻时他们向我们灌输正确的价值观。而当时机成熟时，他们又给了我们自由的空间。"

设想，如果比尔的父母坚决反对他学习电脑或是坚决不许他退学去开创微软事业，也不给他事业上的支持，比尔能成为世界上最年轻的首富？父母应当在恰当的时机选择放手，肯定孩子的成长，支持孩子的梦想，让他们拥有飞翔的能力与空间。

你早该知道的孩子成才秘密
（外国卷）

环境影响人生
——乔布斯的家教

◎ **家庭类型**
　　平民百姓家庭

◎ **教育方式**
　　独立自主型

◎ **名人档案**
　　乔布斯（1955—2011）　美国著名发明家、企业家，风靡全球的苹果公司的联合创办人。世界公认的计算机业界标志性人物，先后领导和推出了麦金塔计算机及iMac、iPod、iPhone、iPad等风靡全球的电子产品，极大地改变了人们的通信、娱乐甚至生活方式。

◎ **名人名言**
　　你的时间有限，不要浪费于重复别人的生活。不要让别人的观点淹没了你内心的声音。

　　　　　　　　　　　　　　　　　　　　　　　——乔布斯

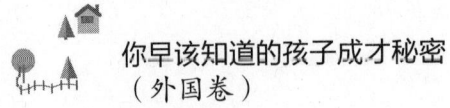

在中国，能让人们熬夜守候的来自大洋彼岸的现场直播，除了重大体育比赛项目，就要算苹果公司的产品发布会了。这家引领全球电子产品时尚的公司总能带给用户惊喜，他们的营销方式也被经济学家和广告人津津乐道。现如今，就算你从不使用任何苹果公司的产品，也逃不开苹果产品带来的影响。这一切传奇，都要从乔布斯说起。

作为苹果的掌门人，乔布斯常给外界留下任性、执拗、易怒、性情暴躁和冥顽不灵的印象。但只要谈到他的养父母，他就会表现出难得的柔情。虽然他在日后接受了自己的生母和妹妹，但他始终认为养父母就是他真正的父母。

1997年在接受《纽约时报》采访时，乔布斯纠正记者将保罗和克拉拉称为"乔布斯养父母"的说法，"不，他们就是我的父母。"他说。

"我很幸运，我的父亲保罗是一个了不起的人。他从来没有拿到过任何文凭，在二战期间参加了海岸巡逻队。在之后的日子里，他总能在烦恼时保持军人的朴素本质。"1995年，乔布斯在一次公开演讲中如此评价养父。

"无论是整个青少年时代还是创立苹果公司之后，乔布斯在每个阶段都从养父母那里得到坚定而温暖的支持。对于一个永远都在质疑、极其敏感又不知所措的灵魂来说，没有什么能比这个更好的了。"伊克贝在《乔布斯的四重生活》中这样评论。

毫无疑问，乔布斯是一个成功的企业家、发明家，也是一个优秀的演说家和管理者，但同时乔布斯也饱受质疑和争议：坐拥亿万财产却不关心慈善、与合作伙伴开展夺权战争。"独裁者""工作狂"……像每个卓尔不群的天才一样，乔布斯也是疯狂与特立独行的化身，而他的性格与一生的经历，都与他的成长环境密不可分。

乔布斯降生时，他的亲生父母还未结婚。无奈之下，年轻的未婚妈妈将乔布斯送给了一对蓝领夫妻。虽然并非亲生，但养父母却给予乔布斯无限关爱，悉心抚养他长大。为他提供了优质教育，也没有隐瞒他是养子这一事实，希望他能够接受，快乐地生活。

但不在亲生父母身边，小孩子难免会缺乏安全感。这种不安全感影响了乔布斯的一生。他的朋友丹·科特克说："乔布斯心中总是装着他的苹果电脑。从更深层次上分析，他的成功是由于内心怀有一种深切的不安全感。正是这种不安全感使他必须出去闯荡以证明自己存在的价值。"缺乏安全感的孩子总是会用各种各样的方式吸引大家的关注，以证明自己被宠爱，乔布斯也是如此，他吸引别人关注的方法就是调皮捣蛋、搞恶作剧。

聪明的乔布斯学东西的能力自小就很强，成绩一直很好，但喜欢搞恶作剧的他是班里同学眼中的"怪人"。同龄人的聚会和游戏总是不会叫上他，这让他朋友不多，总显得形单影只，"怪胎"这一称号伴随着乔布斯，一直延续到他的高中时期。

但同时，命运的转机随着搬家而出现。乔布斯家搬到了加利福尼亚州著名的软件天堂硅谷附近，而他成长的时期又正是电脑公司如雨后春笋般建立的时期，他的邻居都是硅谷元老——惠普公司的电脑工程师。乔布斯总会听他们谈论"代码""程序"。环境、时代、人，都与软件工程紧密相关，久而久之，乔布斯对电子学产生了浓厚的兴趣，总跟在这些工程师身边，在他们修理自家的汽车或栅栏时给他们帮忙，听他们交谈。

这个孤单的男孩子和同龄人有着明显的不同，沉默孤独的乔布斯引起了一个年轻工程师的注意，他觉得这样一个聪明好学的男孩却如此孤单，十分同情他，就主动送给他一个麦克风玩儿。乔布斯对这个新鲜物件充满了好奇，连着问了好多问题。正是这些充满了专业词汇的问题令这位工程师发现，这个男孩不但在听他们交谈，竟然也听懂了不少东西！他邀请乔布斯参加惠普公司的"发现者俱乐部"，与专业的工程师们共聚一堂，一起交流、学习。

由此，乔布斯第一次见到了电脑，也迈出了计算机系统学习的第一步。之后他在中学里主动报名参加电子类活动小组，在暑期打工时也选择与电子

有关的行业,认识了许多喜爱电子行业的朋友,也结识了年长他五岁的斯蒂夫·沃兹尼亚克——苹果公司的联合创始人之一。十九岁的乔布斯做了与众不同的选择。他毅然退学,开始在电脑游戏公司工作。两年后,二十一岁的乔布斯与二十六岁的斯蒂夫在自家小车库里设计研发了第一台苹果电脑。

或许乔布斯"苹果帝国"的奠基,就是从搬家到硅谷那一刻开始的,童年的寂寞、孤独以及工程师们的友善,令他做了决定一生的选择。

不论是自然环境、人文环境,还是时代背景,都会给人带来极大的影响,而其中影响最大的恐怕就是人文环境了。从"昔孟母,择邻处"就可以看出,中国古人也早早注意到了这样的问题,才会为了教育孩子而多次搬家寻找更好的居住场所。

孩子在成长阶段,无时无刻不在学习。在无法辨别是非好坏的时候,一切听到的、看到的、感受到的东西,都是他们学习和模仿的对象,有些行为和观念也会深深印刻在他们心里,成为一种"潜意识",相伴一生。因而作为父母,一定要提供给孩子一个良好、健康的成长环境。

环境对人的影响非常大,从中国俗话"一方水土养一方人"到近几年非常热门儿的"环境色彩心理学"都说明,环境的影响无处不在。孩子在成长阶段,最容易受到影响。受到影响后,很难从根本上纠正,因而家长们应当注重孩子的居住环境。孩子的心灵是柔软脆弱的。童年时期的一些认识、观念,会影响人的性格与为人处世的方式。对孩子的保护,更应注重其心理健康。

你早该知道的孩子成才秘密
（外国卷）

人格第一，天才第二
——加里·卡斯帕罗夫的家教

◎ **家庭类型**
　　知识分子家庭
◎ **教育方式**
　　人格塑造型
◎ **名人档案**
　　加里·卡斯帕罗夫（1963—）　苏联、俄罗斯国际象棋棋手，国际象棋特级大师。获得国际象棋史上最高积分2849分。六岁开始学习下棋，十七岁获世界少年冠军，二十二岁击败赫赫有名的象棋大师卡尔波夫，成为历史上最年轻的国际象棋世界冠军，此后连续十五年保持世界冠军头衔。他能讲多国语言，还是一位数学家、计算机专家和纽约《华尔街》杂志的定期撰稿人。
◎ **名人名言**
　　我这么做（退役）不是离开，而是过渡，我要转到可以更好地运用自己智慧的领域。

——加里·卡斯帕罗夫

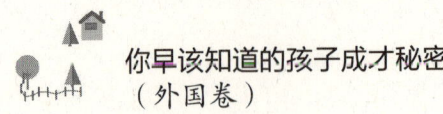

在天才扎堆的国际象棋界,加里·卡斯帕罗夫绝对是佼佼者,精妙的棋路与王者的霸气不但征服了对手,而且吸引了大量粉丝。极有个人魅力的加里总是能引起关注,不论是他杰出的成绩,还是他优雅的举止、从容的态度、锐利的眼神,都是人们津津乐道的焦点。尽管加里在2005年退役,但锋芒不减。不但著书显示出极高的文学素养,还有意从政,在2008年俄罗斯大选中展示出政治家的魄力。

1963年4月13日,加里·卡斯帕罗夫在巴库的一个知识分子家庭出生了。他的父亲和母亲毕业于同一所大学的无线电系,他们都是颇有成就的科学家。出生在这样的家庭里,加里却并没有被父母带领着走上科学家的道路。父亲一直希望自己的孩子能够自由自在地成长。所以,加里从小就广泛接触各类书籍与运动,用儿童的眼光认真地阅读、认识世界,生活在无尽的可能性之中。

喜爱国际象棋的父母总在闲暇时研究棋谱,时不时地对弈一番。每当这时加里就倚在父亲身边观看。直到有一天,六岁的加里忍不住对母亲说:"妈妈,你要是不动那个兵就好了。"父母先是惊讶,细细观察棋局之后不禁赞叹:小小年纪的加里竟然发现了大人都未注意到的错着!加里的父亲将孩子抱上膝盖,开始教他下棋。加里学得很快,不到一年,他就战胜了父亲。父母决定好好培养具有天赋的加里,将七岁的他送进了波特文尼克国际象棋学校,接受系统专业的象棋教育。加里的棋艺突飞猛进,渐渐成了学校里的"风云人物",展现出惊人天赋的他被称为"小天才"。

然而,父亲在加里九岁那年因患癌症去世了。带着对父亲的无尽思念,加里随母亲搬到外祖父母家生活。

在这里,幼年丧父的加里并没有享受"特殊关照"。外祖父是一个石油工人,性格直爽诚恳,教育加里时,提到最多的就是"要自信""要独立",

加里从外祖父处学习如何做一个坚强的男人，小小年纪的他便被鼓励自己决定自己的事。外祖母则对这个年幼而智慧的少年倾注了无限的爱与关怀。她很少过问加里的国际象棋成绩，只希望他成为一个正直坦率、举止得体的人，"哪怕一无所有，也要相信别人、尊重别人"。在这样的教育下，加里养成了坚韧不拔、独立果敢的性格。在后来的国际象棋事业中，这份自信与独立常常成为他取胜的重要因素。

在国际象棋比赛中，脑力与经验自然是重要的取胜法宝，但心态也极为重要。一旦乱了心神，便会影响整个比赛的发挥。加里在赛场上总是充满了霸气与自信，不论棋局如何发展，他都保持着自己的风格，不为外界评论所扰乱。即便是与当年世界排名第一的卡尔波夫对弈，并受到政治因素干扰，他也在大赛中取得了胜利，成为当之无愧的棋王。

尽管少年成名，在各大赛事中成为媒体争相报道的焦点，加里的家人却从不允许他骄傲。每当广播和报纸中出现加里的名字时，母亲总会先表扬加里在这一段时间内所获得成绩，肯定他的努力，然后就指出他的不足，并督促他进步。

国际比赛中的天才少年，并不受溺爱——加里要与家人分担家务。有时候是修剪草坪和树木，有时候是跑腿购买生活用品，有时候是照看弟弟妹妹；在他的比赛告一段落之后，母亲还会格外多地安排家务活给他，让他尽可能多地学习生活自理与照顾他人，培养其责任感和平等意识，让他不因被称为"天才"而骄傲。

除了性格与品德，母亲还尽量开阔他的眼界，培养其他的兴趣爱好，以此丰富加里的生活。尽管从小学习国际象棋，也走向了专业国际象棋选手的道路，但加里的世界却不仅仅局限于此，历史、文学、运动他都很感兴趣，这给他的生活增添了不同的色彩。年幼多病的加里时常住院，躺在病床上，空闲时间大都用来阅读历史与地理方面的书籍。受母亲的影响，加里十分喜爱文学，说得一口流利的英文，能够大段大段地背诵莱蒙托夫的诗。父亲早逝与自己自幼体弱的经历，让加里十分注重身体健康。加里从小学习游泳，这项运动伴随着他成长，并成为他最喜欢的运动。

杰出的棋艺及与生俱来的天赋密切相关，但成为棋王，却需要实力、机缘与个人修养等多方面因素的结合。我们都爱赞叹天才，却忽略了天才身后厚厚的草稿纸，与一步一个脚印的漫长征程。选择退役时，这位天才不过四十二岁。对加里来说，小小棋盘、六十四个格子所能衍生出的变化已经不能满足他了，更大的世界和更无限的可能等着他去探索与征服。

家 教 感 悟

王安石在《伤仲永》中讲述了一个天才未能得到良好教育、引导而沦为平庸者的悲剧；加里·卡斯帕罗夫的故事则告诉我们，天才的教育也要全方位进行。对有天赋的方面自然要重点培养，但最重要的，还是性格的培养。如果孩子早期显露出了天赋，父母也应当淡然对待，将人格的塑造放在第一位。

试想，一个自信、勇敢、独立，拥有开阔眼界与丰富知识的人，在哪一个领域内不能成就一番事业呢？

你早该知道的孩子成才秘密
（外国卷）

从小培养孩子的自信心
——迈克尔·乔丹的家教

◎ **家庭类型**
  工薪家庭

◎ **教育方式**
  赏识教育型

◎ **名人档案**
  迈克尔·乔丹（1963—） 前美国NBA职业篮球运动员。身高一米九八，主打得分后卫或小前锋，球衣背号为二十三，被多数人认为是全世界最棒的篮球运动员，也是NBA历史上第一位拥有"世纪运动员"称号的巨星。他在他的整个职业生涯中获荣誉无数，六次NBA总冠军，六次总决赛MVP，五次常规赛MVP，两次奥运会冠军以及十次获得NBA赛季得分王。他将NBA推广至全球每个角落，使之成为好莱坞之外又一无可阻挡的美国文化，被封为"篮球之神"。

◎ **名人名言**
  我可以接受失败，但不能接受放弃。

  ——迈克尔·乔丹

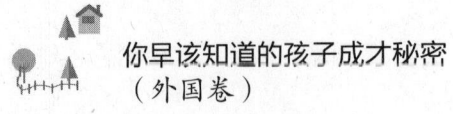

与大部分的黑人球星出生在贫民区不同，迈克尔·乔丹出生在纽约布鲁克林区一个家境殷实的黑人家庭。他的父亲詹姆斯原是一名机械师，后在空军服役，母亲德劳丽斯在纽约一家银行任职。因此，他们十分注重乔丹的家庭教育，尤其注重孩子自信心的培养。

乔丹小时候就非常崇拜大卫·汤普森，也非常喜欢篮球，常常梦想自己能长得很高。那段时间，小乔丹总是天真地问妈妈："妈妈，我能不能长得更高一点？"面对小乔丹的问题，妈妈总是满脸微笑地说："能啊！我们的小乔丹当然能长得更高！""每天晚上你睡觉的时候，妈妈都会为你祈祷，而且还会往你的鞋子里撒盐，这样我们的小乔丹就可以长得更高了！"就这样，乔丹从小就在妈妈的鼓励和支持下，对篮球充满了梦想。

1972年的一天，乔丹在看完慕尼黑奥运会的一场比赛之后，兴冲冲地冲进厨房，激动地向母亲宣布："总有一天，我要参加奥运会，我要参加篮球赛，我要得金牌！"母亲听到孩子这番"疯话"，肯定地对乔丹说："孩子，我相信你！你绝对行！我们就朝着这个目标努力吧！"从此，在母亲的鼓励下，小乔丹开始为实现自己的理想而不断地努力。在他的自传中，他提到了母亲对自己的重大影响，"我总是得到母亲的极大认可，她总是尽可能地鼓励我去做一些事。每当我遇到挫折的时候总是这样对自己说——'妈妈说我行'！"

母亲极力支持乔丹打篮球，即使在乔丹因为个子太矮而被高中校队拒绝时，仍然给他鼓励。那段时间，对别人对他的不认可，乔丹很失落。可他坚持下来了，因为母亲相信他的能力。他曾说"没有母亲，我可能就放弃篮球了，也就没有后来的迈克尔了"！

1996年，乔丹首次复出的第一个完整赛季，人气之旺，无人能及。但偏

偏他的小师弟斯塔克豪斯不服气。当时,还是新秀的斯塔克豪斯放言:"别人怕乔丹,我不怕,我能防住'飞人'!"但乔丹根本没有把这些放在心上,因为他有足够的自信。比赛开始,乔丹第一次得球就来了个跳投,得到两分。费城进攻,乔丹伸出长臂,抢过斯塔克豪斯手里的篮球,快速运球,一记单手重扣。在这次比赛中,乔丹最后得了四十八分,而斯塔克豪斯只得了十一分。赛后,乔丹很直接地说:"能阻挡我的只有我自己。"

乔丹在自信心的支持下,实现了一个又一个目标,逐渐向着冠军的梦想冲刺。如今,乔丹已经实现了儿时的梦想,成为世界上最伟大的球员。他在自传中,有一段对自己取得骄人成绩的原因的分析。乔丹认为,取胜除了要有精湛的技术外,最重要的一点就是对自己要有信心。他取胜的秘密是:时时刻刻以积极的心态面对挑战!

很多学者对如何培养孩子的自信进行了深刻的研究。巴普洛夫的行为主义认为培养孩子的自信可以开始于对某些不良行为的矫正,如引导孩子抬起头来走路,训练他们微笑着面对别人;引导孩子充满自信、积极乐观、斗志昂扬地迎接各种挑战。罗杰斯的人本主义要求教师对孩子要建立积极的信念,相信每个孩子内心都蕴含着积极向上的趋势,相信每个孩子都有可以开发的天赋和才能。帮助孩子把自己看成是一个可以训练、增长的个体,把注意力集中在自身的学习活动上,不断培养自己、完善自己。除此之外,还主张要引导孩子换个角度来思考问题,能用积极的心态面对挫折、困难和不愉快。

自信是帮助人们成功的动力。有人曾对中外五十三位有成就的学者

和艺术家进行研究，发现他们除了具有卓越的智慧外，还具有一些共同的人格特征，其中包括对自己充满信心，坚信自己的事业一定能成功。自信的来源很大程度上来自父母早期对孩子的家庭教育，这或许可以给家长们一些启示：乔丹的成功绝不是一个偶然的现象。他的成功源自从小树立起来的自信。我们不一定能将自己的孩子培养成乔丹，但有自信必然会使孩子与众不同。

孩子自信心的强弱直接关系到孩子学习的成败，也关系到孩子做人做事的成败问题。所以，孩子自信心的培养和树立尤为重要。父母是孩子的第一位老师，幼儿自信心的培养关键在于父母的家庭教育是否得当，良好的家庭教育能为孩子以后的发展奠定坚实的基础。

你早该知道的孩子成才秘密
（外国卷）

鼓励孩子多实践
——迈克尔·戴尔的家教

◎ **家庭类型**

　　平民百姓家庭

◎ **教育方式**

　　引导实践型

◎ **名人档案**

　　迈克尔·戴尔（1965— ）　美国企业家，世界最大电脑制造商之一的戴尔计算机公司的创始人及董事会主席。他是一个以一千美元起家的得克萨斯大学的贫穷学生，因其创立直销模式而身价暴涨。他所创立的戴尔计算机公司于1992年进入《财富》杂志全球五百强之列，二十七岁的他因此成为公司最年轻的首席执行官。如今，戴尔所创立的直销模式已被全球各地的不少企业研究和采用。

◎ **名人名言**

　　我相信，机会既来自直觉，也要靠着对某个产业、事物或者专业的狂热投入。

——迈克尔·戴尔

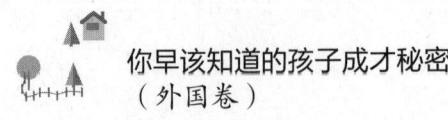

对中国孩子的教育，很多人曾这样评论"中国的孩子是抱大的"，"中国的孩子是考试的高手，却是实践的低能儿"。这些说法或许有些绝对，但确实反映了中国很多家庭在孩子教育上存在的一些问题，即过度地呵护孩子，剥夺孩子学会独立的权利；重视孩子的学习成绩，却忽视孩子的动手能力。而这一现状的后果就是越来越多的"啃老族"的出现。

与国内相反，国外很多家庭在对孩子的教育上，往往更加重视对孩子动手能力、自立能力的培养。颇具说服力的例子便是戴尔公司创始人——迈克尔·戴尔的成长经历了。

迈克尔·戴尔是美国《财富》杂志评选出的五百强企业总裁中最年轻的一位。戴尔的成功与他父亲从小对他动手能力、实践能力的培养不无关系。

戴尔年幼的时候，就喜欢摆弄各种各样的玩具。戴尔总是将父亲为他买回的小汽车、小飞机等玩具拆得七零八落。对此，父亲并没有批评、指责他，而是鼓励他拆散玩具后弄清玩具的构造与机械原理。戴尔稍大一点后，父亲就常把他带到电脑操作室或维修处让他观看和动手修电脑，培养他对电脑的浓厚兴趣。戴尔十四岁时，父亲送给了他一台新电脑。为了全面了解电脑的组件和运行原理，戴尔将这台新电脑全部拆开，反复仔细琢磨后再组装好。父亲极力帮助和支持戴尔购买电脑零部件，鼓励他将现有的电脑改装成功能更强大的电脑。到初中毕业时，戴尔已能十分熟练地改装电脑了，并且以低价购买零件，再把升级后的电脑卖出去。十八岁时，戴尔创办了自己的戴尔电脑公司。1985年，二十岁的戴尔成功创造出一台286电脑。这在当时来说，是非常不容易的。

为了让戴尔及早融入社会，父母经常当着小戴尔的面谈论商业，比如讨论联邦储备局的决定以及这对经济可能产生的影响；讨论石油危机，应该投资哪些公司等话题。戴尔从小受到熏陶，拥有了一个商业头脑。

戴尔的父亲还要求他经常参加其他社会实践活动。十三岁那年，父亲就鼓励戴尔参加集邮活动。但父亲却不给他买邮票的钱，而是要求他利用假期去餐馆打工赚钱。到了十五岁，戴尔就经历了他的第一次生意上的冒险：通过在当时的专业刊物《林氏邮票》杂志上刊登戴尔集邮社的广告，然后制作出十二页的目录，寄发出去。通过杂志进行拍卖，戴尔赚了两千美元，这在当时传为美谈。

同时，父亲还建议戴尔利用暑假推销《休斯敦邮报》，并要求他从推销过程中寻找窍门。在父亲引导下，戴尔观察到：刚结婚的人和刚搬进新房子的人都喜欢看报纸，是有效的订阅客户。如何才能找到这两类人呢？他苦苦思索，得到答案：凡是要结婚的人，必须到地方法院提供准确地址，申请结婚证书。戴尔雇用了几个人到休斯敦地区地方法院中按图索骥，得到一长串申请结婚的人的姓名和地址，然后分别进行电话联系报纸的订阅。同时，戴尔还认为：能够获得贷款的人应该是有一定经济实力的人，自然是订报的潜在客户。在一些公司的贷款申请者名单上，他找到一大串贷款额度较高的人的名单。他将这些人定为高潜力客户群，分别联系。整个暑假，戴尔四处奔波，通过对这些潜在客户进行上门推销，最终在报纸推销上获得了不菲的收入。

高中毕业后，戴尔进入得克萨斯大学奥斯汀分校学习。大学还没毕业，戴尔自己的电脑公司便在北奥斯汀商业中心正式成立。他以一千美元注册资金，租下一个办公室，雇用几个人负责接电话收订单，另外几个人负责处理订单，聘请几个电脑组装熟练工，一个全球五百强企业的雏形就这样诞生了。

西方有关评论认为，较早地融入社会进行实践锻炼，是戴尔成功的先决条件，并使他成功的时间比同龄人提前了十年。戴尔父亲对戴尔的动手能力的培养，不仅培养了戴尔的自立能力、动手能力，还让戴尔具备了一个商业头脑。可以说，迈克尔·戴尔能够成为一名年轻有为的企业家，得益于他父亲的正确引导和实践教育。

父母不能总把孩子当成温室的花朵来培养。经历过社会洗礼的孩子在同龄人中会变得更加优秀。

为了让孩子能更好地适应将来的社会现实,每一个为人父母者应趁着孩子年纪小、可塑性强的时候,让孩子多动手,多参加一些社会实践活动,让孩子在实践中学会独立、增长才干,使孩子成长为既有丰富知识,更有动手能力的有用之才。

你早该知道的孩子成才秘密
（外国卷）

从"坏孩子"到"好爸爸"
——卡梅伦的家教

◎ **家庭类型**
　　政要家庭
◎ **教育方式**
　　引导教育型
◎ **名人档案**
　　戴维·威廉·唐纳德·卡梅伦（1966— ）　生于英国伦敦，英国保守党的政治明星。2010年成为英国第53任首相，是英国自1812年以来最年轻的首相。上任伊始，卡梅伦面对的就是一个遭受全球金融危机影响、通货膨胀且失业率连年升高的英国。但在任期内，他帮助英国经济实现初步复苏，并成功举办了2012年英国伦敦奥运会。2015年连任首相。2016年6月24日英国宣布脱离"欧盟"后，卡梅伦宣布辞职。

◎ **名人名言**
　　爱不应该被法律分开。如果法律这样做了，那么这个法律需要被改变。

——卡梅伦

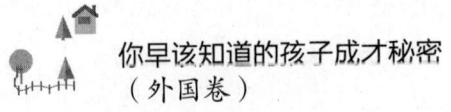

卡梅伦出生在一个英国贵族家庭。他的祖上是英国国王威廉四世的后代，父亲曾是一名股票经纪人，母亲是一位男爵的女儿。这样的家庭环境，使他从小就受到良好的家庭教育。五岁时，他进入英国著名的贵族私立小学就读。父母一心想将他培养成一名政治家，但是尚且年幼的他没能在功课上取得成绩。由于他过于羞涩，不善于表达自己的愿望，而遭到学校里其他同学的欺辱。他经常在下雨天被同学推下学校后的小山，弄得全身泥土。母亲告诉他，做人只有足够强大才能改变别人对你的看法。不过，当时还年幼的他并没有在意母亲的教诲。

升入中学以后，处于青春叛逆期的卡梅伦"堕落"为一个"坏孩子"。只有十五岁的他被查出吸食大麻。不过，因为他没有参与贩卖且认错态度良好，所以未被开除，得到从轻发落。他被叫到校长室训话，被罚不得离开校园，被关禁闭一星期，并抄写田园诗。对陌生事物的好奇和对伙伴的盲从，令卡梅伦遭到了少年时代的最大挫折。或许正是这一经历使卡梅伦开始正视自己的生活，并开始寻求改变。卡梅伦的责任意识被逐渐培养起来。

在离开伊顿公学之后，卡梅伦办理了休学，对政治的好奇心让他初涉政治，在保守党议员的工作室从事研究工作。但是他很快发现这并不是他要的生活，他说："我希望我能为整个国家忙碌而不是某个党派。"对社会的责任感促使他在父亲的支持下，来到香港怡和洋行担任文职工作。尽管这份工作需要早出晚归，工作内容琐碎而且薪水很低，但他事无巨细、非常认真。面对人们的不理解，他说："我来这里，并不是为了薪水。我还年轻，和你们在一起能学到很多东西。"

在接下来的一段时间里，卡梅伦开始在学业上崭露头角。他通过了牛津大学的入学考试并获得了录取通知书。幼年时母亲的话似乎开始对卡梅伦产生了影响。但是，在正式进入牛津大学开始学习生活之后，卡梅伦"坏孩子"的一面似乎又表现出来了。他很少参加政治活动，却是以狂饮和行为放荡不羁而著称的"布灵登俱乐部"的成员。但尽管叛逆，他总体上还算是一个好学生。在牛津大学读书期间，他曾担任学院网球队的队长，并结交了许多出色的朋友。从牛津大学毕业之后，卡梅伦和母亲进行了一次深入的谈话。他列举了当时社会上存在的种种现象。母亲问他："你认为人生最大的快乐是什么？"他毫不犹豫地说："我希望能改变一些社会现状，让更多人能快乐。"母亲对他说："那就从政吧，只有这样你才能改变整个社会，让更多的人快乐。"

卡梅伦顿悟了，他进入保守党的研究部门工作。走入社会的他开始显示出卓越的才华。从1993年起，他在担任内政大臣特别顾问的五年中，坚持每天4：50起床。在之后的十几年中，卡梅伦在使自己变得更加强大的道路上越来越努力。童年的懦弱和少年的叛逆离他越来越远。最终，他成为一名才华横溢、眼光独到的政治家。2005年，卡梅伦当选保守党党首，并在2010年如愿以偿成为英国自1812年以来最年轻的首相。

担任首相的卡梅伦，完成了自己人生的转折。但是，他的家庭生活却不尽如人意。

2002年，卡梅伦夫妇迎来了第一个孩子伊凡。但是，在伊凡出生两周后，就被医院确诊患有脑瘫和严重的癫痫病。患病的伊凡需要二十四小时全天候照顾。他不能走路，也无法说话，只能用软管将食物输入胃里，还必须定期去医院接受治疗。时值卡梅伦参加竞选，作为一个有责任心的父亲，卡梅伦十分关注长子的病情。由于伊凡病情极不稳定，卡梅伦经常不得不半夜冲到医院寻求救治，并不惜取消一些重要的政治活动。为了方便照顾儿子，他经常睡在医院的地板上。但不幸的是，2009年，年仅七岁的伊凡因癫痫发作病逝了。

长子的夭折让卡梅伦经历了太多，也让他深深体会到家庭的意义和父亲的责任。他多次强调，要增强整个英国的凝聚力，首先要从一个个家庭抓起。为此，卡梅伦所在的政府拨款近五亿英镑，成立了"问题家庭组"，任命政府官员为组长，计划改造十二万个问题家庭，期望能够促进英国社会的

你早该知道的孩子成才秘密
（外国卷）

整体稳定发展。

忙于国事日夜操劳的卡梅伦，会在早上抽出时间来，送小女儿佛罗伦斯去托儿所。卡梅伦就像一位普通的父亲一样，穿着领口松开的白衬衣，一手抱着女儿一手拿着滑板车。不少英国上班族都惊讶于首相的举动。卡梅伦充分认识到了自己在家庭中的责任，并勇于承担，尽力在忙碌的工作中抽出时间与孩子相处，增进父女、父子感情。

"责任"意识的缺失是许多孩子调皮捣蛋的根本原因。不过，"责任"对于许多年幼的孩子来说还是一个抽象的概念，因此他们根本不明白自己的所作所为为何会招来父母的责怪。面对孩子因顽皮制造的"一团糟"，家长应心平气和地给孩子分析事情的利弊，让孩子意识到自己的所作所为给家庭、他人乃至社会带来的危害，而非一味地谩骂、指责。

你早该知道的孩子成才秘密
（外国卷）

自由激发创造力
——马克·扎克伯格的家教

◎ **家庭类型**
　　平民百姓家庭
◎ **教育方式**
　　自由激发型
◎ **名人档案**
　　马克·扎克伯格（1984—）　生于美国纽约州，美国知名社交网站Facebook的创办人，被人们誉为"盖茨第二"。2008年成为全球最年轻的单身巨富；2010年12月，扎克伯格被《时代》周刊评选为"2010年年度风云人物"，因为"他完成了一项此前人类从未尝试过的任务：将全球5亿多人口联系在一起，并建立起社交关系。"2015年，美国《福布斯》杂志公布全球最具影响力人物，扎克伯格排名第19位。2016年3月，《福布斯》公布全球富豪榜单，马克·扎克伯格排名第6名。
◎ **名人名言**
　　我们的使命是让世界更加开放，联系更加紧密。
　　　　　　　　　　　　　　　　——马克·扎克伯格

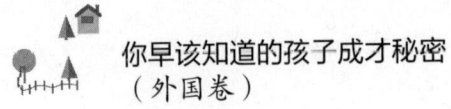

相信很多人都知道马克·扎克伯格,就是那个在大学时期便创造了社交网站Facebook的传奇少年,如今他已身价几百亿。说到这样一个传奇人物的成功,便不得不提起他的父亲。

扎克伯格的父亲是一名牙医。他尽量给孩子创造一个比较宽松的成长空间。他有四个孩子,扎克伯格是唯一的男孩。扎克伯格小时候很淘气,经常与三个姐姐疯玩、恶搞,可是父亲一点儿都不生气,任扎克伯格做他喜欢的一切事情。那时候美国流行电影《星球大战》,扎克伯格对此着了迷,竟然想自己拍一部电影。大家都认为这是无理取闹,但是父亲却很支持他,并给他买来了设备。他对扎克伯格说"只要你喜欢,你可以做一切自己想做的!"最后的结果是经过了一个多月的创作和拍摄,扎克伯格竟然真的拍出了一部电影。这是一部恶搞片,姐姐看后竟吃不下饭。

孩子就是善变,容易对很多事情感兴趣。扎克伯格很快又喜欢上了电脑。在那时,电脑是奢侈品,可是父亲还是举全家之财力,给扎克伯格买了电脑。扎克伯格的母亲认为全家都在恶搞,作为父亲应该为孩子理清人生方向而不是陪孩子胡闹。但是扎克伯格的父亲却说:"我不会给孩子设计未来,我只会帮助他们做他们喜欢的一切!"

扎克伯格就此陷入电脑游戏,成为游戏高手,同时也沉迷于游戏的奥秘。在他把所有游戏都玩遍之后,就觉得没有意思了,于是他打算自己编写一个游戏。对于一个孩子来说,编码无疑是非常深奥的课题,况且一部游戏的构成不仅仅需要编程,美术和音乐也是必不可少的技能。扎克伯格没有被这些困难吓退,照父亲的话说,"做自己喜欢的一切!"他买来了编码书籍,开始了游戏编写。第一款游戏是一个叫作《摇滚乐团》的视频游戏,看上去不错,但玩起来很糟糕,扎克伯格自己有些沮丧。这时父亲对他说:"不要胆怯,不要害怕困难。只要你决定了，就要不顾一切地往前冲，成功才会属于你！"这样的鼓励让扎克伯格重整旗鼓。这次他编写了一个类似现在的QQ的交流信息平台，可以把家里的电脑连接起来，相互交流。这个平台速度非常慢，但是大家都很兴奋，认为这个平台很神奇、很了不起。

这是一个思维多么天马行空的孩子呀！父亲给了扎克伯格最大的自由度，让他做自己想做的事，并不断地给他打气。这种力量激发了扎克伯格的创造力。

扎克伯格在哈佛读书的时候创建了Facebook，当时专业人士评估这个网站价值两千万美元，扎克伯格决定退学创业。这也是现在我们常称扎克伯格为"盖茨第二"的原因。想想如果你的孩子对你说："爸爸我不想继续读大学了，我要创业！"你会不会惊诧，会不会劝解，会不会觉得孩子荒唐？相信有不少的父母都会这样理解。但是扎克伯格的父亲却毫不犹豫地说了那句老话："不要胆怯，不要害怕困难。只要你决定了，就要不顾一切地往前冲，成功才会属于你！"

退学创业的结果我们都知道了。在扎克伯格拒绝了年薪九十五万美元的机会选择去上大学时，父亲尊重他，鼓励他；在他要退学创业时，父亲仍然尊重他，鼓励他，这种建立在信任基础上的自由让扎克伯格在自己的世界里迅速成长起来。

家教感悟

很多家长在工作之余都会有一种渴望，就是渴望多点时间，做点自己喜欢的事。其实，孩子也一样，希望能有时间、随心所欲地去做自己喜欢做的事。

你早该知道的孩子成才秘密
（外国卷）

  现在的孩子，尤其是中国的孩子，压力太大。记者采访过一些给孩子报了兴趣班的家长，其中很大一部分原因竟然是自己没有那么多时间陪孩子，说让他去兴趣班玩呗，没准能学点东西呢。也不关心这个科目到底是不是孩子的兴趣所在。舞蹈班的孩子都爱舞蹈吗？奥数班的孩子都爱数学吗？孩子爱看科幻小说，对外星人、对世界未解之谜充满好奇，家长却认为孩子是在看闲书，是在玩，根本不能发展为兴趣。兴趣，在部分人的眼中，也区分了三六九等。因为对兴趣的不认同，便限制了孩子发展兴趣的自由。

  做自己喜欢的事才会快乐，爱孩子就让他快乐。扎克伯格在成长过程中能随心所欲地做自己喜欢的事情。让孩子去做自己爱做的、想做的事情吧。孩子的创造力不在于吃营养多么丰富的奶粉，不在于灌输多少的知识，而在于他对兴趣的追求，家长能做的，就是给予他追求兴趣的自由！

  想想自己对孩子是说"好的宝贝，我支持你！去做吧"的次数多呢，还是说"不行，你不许做，快去写作业"的次数多呢？如果是后者，那家长就要学习放手与支持了。

你早该知道的孩子成才秘密
（外国卷）

从问题儿童到奥运冠军
——菲尔普斯的家教

◎ **家庭类型**
　　平民百姓家庭

◎ **教育方式**
　　启发赏识型

◎ **名人档案**
　　迈克尔·菲尔普斯（1985—）　生于美国马里兰州巴尔的摩市，美国游泳运动员。以十八枚金牌的骄人成绩被人称为"罕见的游泳奇才"。2012年8月4日，菲尔普斯在伦敦奥运会上夺得游泳比赛四金二银之后，宣布退役。在此之前，他在雅典奥运会中夺得六枚金牌，在墨尔本世锦赛中独得七枚金牌，在2008年北京奥运会中独揽八枚金牌，被中国媒体称为"菲鱼"。

◎ **名人名言**
　　我不做施皮茨第二，我只想做菲尔普斯第一。
　　　　　　　　　　　　　　　——迈克尔·菲尔普斯

菲尔普斯曾是一位多动症患者。在菲尔普斯上小学的时候,学校老师经常找到他的妈妈黛比告状,说他上课骚扰同学,不能集中精力,"干什么事都专心不了"。黛比很懊恼,在要求学校老师帮助儿子专心听课的同时,带他去医院看了医生,确诊了菲尔普斯的确患有多动症。这导致他不能静下心来做事。但是,黛比并没有选择放弃儿子,她尝试各种方法让他从多动症里解放出来。试过很多很多方法后,黛比发现,当她为儿子定了严格的时间表以后,情况好像有了好转。时间表能够让儿子安静下来。所以,她继续为他安排每天紧凑的生活,让他的生活作息井井有条起来。同时,她还发现,体育运动特别是游泳能够让菲尔普斯专注。于是,她又鼓励儿子游泳。年幼的菲尔普斯开始第一次接触水和泳池。

刚开始菲尔普斯有些害怕。和所有初学游泳的孩子一样,他害怕水,怕溺水,还讨厌脸被水打湿。于是黛比就先教他仰泳。在他慢慢熟悉水,不怕水也不怕被打湿之后,才教他其他的竞技游泳姿势和项目。

在学校里,菲尔普斯不爱读书,不爱阅读,黛比就想方设法把阅读和他所喜欢的事情联系到一起。她开始让儿子接触一些体育读物,比如分享体育知识的书籍和报纸里的体育版,提高儿子阅读的兴趣。慢慢地,菲尔普斯也能静下心来看书了,在学校的表现有了一定进步。

人们观看菲尔普斯游泳的视频,常常会惊讶于他的耐力和速度。这些素质在体育比赛中尤其重要,特别是对于有高要求和期望的运动员,只有集中了注意力,才能发挥自己最大的潜力,赢得比赛。可是菲尔普斯在刚刚学游泳的时候并不能很好地集中注意力,思维也经常不连贯。为了帮助他,黛比会不断地在他训练的时候提醒他,"每当你向前一步,每当作出一个动作,都要想想它的后果"。最开始,菲尔普斯只能完成一步,就是想出一个后果。后来渐渐熟练了，他开始可以想出一连串的后果。这样，他培养起了较有逻辑的思维能力。母亲的努力见到了成效。

有网民分析，虽然菲尔普斯是一个比较正常的运动员，但是在观看他得奖视频的时候，仍然可以发现他在情绪上波动很大。他们说他是一个有情绪感染力的人，"他不是一个四平八稳的人"，得奖之后会大爆发。事实上，黛比到现在也没有放松对儿子的教育，她知道不能放弃菲尔普斯在做事专注上的培养。在他一心二用，一边和母亲说话，一边和别人发短信聊天的时候，黛比就会十分严厉地提醒他，让他只做一件事。她说："有它没我，有我没它。"

在我国，先天性残疾和弱智儿童的出生率高达百分之五。每天，无数的父母因为孩子的第一声啼哭而欣喜若狂，而一些特殊的儿童则给他们的父母添上了愁容。有一些这样的孩子在出生不久就离开了人世；有一些，则被父母悄悄地留在了医院里；而另一些，则有幸拥有依然爱他们的父亲母亲，陪伴他们度过人生最艰难的开始，度过童年，直到长大。他们之中，有一些孩子没有能走完童年，有一些孩子，通过自己和家人的努力，终于拥有了谋生的本领，他们之中更加幸运的极少部分人，则在成长的过程中训练出了超乎常人的能力，成为优秀的人才。

当然，患有多动症的孩子并不一定是残疾，但这样的疾病或多或少会在孩子的童年时代增大他们成长的阻力。面对这样的阻力，黛比也像那些"问题孩子"的父母一样，心中充满了焦虑。也许她会想，到底菲尔普斯能不能够顺利成长，成为一个独立的人呢？他长大之后能不能实现自己的梦想呢？也许她也有过退缩，毕竟老师经常因为菲尔普斯调皮捣蛋而把她叫到学校去。但她坚强地正视这个问题。她首先向老师提出"你打算怎样帮助菲尔普斯"，然后在家里想尽一切办法，给菲尔普斯最严的要求和最大的耐心，期望他一点一点地好起来。这样的坚持、爱和信念之下，菲尔普斯一步一步，朝着好的方向慢慢地改善，终于实现了自己的梦想，没有辜负妈妈的期望。

菲尔普斯在大麻事件之后很快地向公众道歉。之后的奥运会，他仍然获得多枚金牌，圆满退役。退役后，屡次陷入赌博丑闻的菲尔普斯依然跋涉在自

己人生的荆棘路上。也许未来他还会卷进麻烦的旋涡中，也许，他还会有更多的成绩。但我们能够肯定的是，他的母亲一定没有停止过站在他的身旁，勉励他克服困难、勇敢向前。

孩子的弱点不应该成为牵绊他们一生的阻碍。父母要做的，不应是责备他们、放弃他们，而是和他们站在一起，支持他们。孩子的潜能是无限的，父母的支持都会变成他们坚持和转变的最大动力。